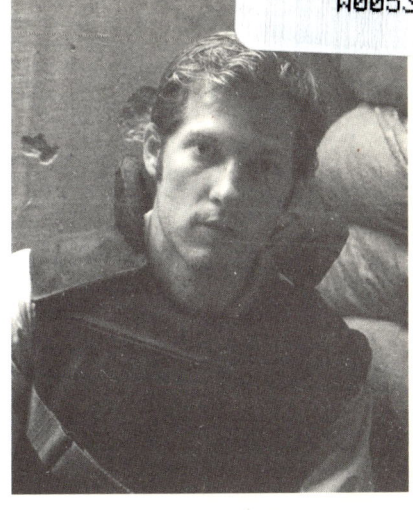

Julian Reichelt wurde 1980 in Hamburg geboren.
Als einer der jüngsten Reporter berichtet er seit Jahren immer
wieder aus Kriegs- und Krisengebieten. So schrieb er für die BILD
unter anderem über die Konflikte in Afghanistan, im Irak
und im Kaukasus sowie über den Libanonkrieg 2006 und den
Tsunami. Für eine Reportage über US Fallschirmjäger
in Afghanistan wurde er 2008 mit dem Axel-Springer-Preis
für junge Journalisten ausgezeichnet.

Julian Reichelt

Kriegsreporter

Ich will von den Menschen erzählen

BASTEI
LÜBBE
TASCHENBUCH

BASTEI LÜBBE TASCHENBUCH
Band 61669

1. Auflage: September 2010

Für Muna

Vollständige Taschenbuchausgabe

Bastei Lübbe Taschenbuch in der Bastei Lübbe GmbH & Co. KG

Für die Originalausgabe:
Copyright © 2009 by Fackelträger Verlag GmbH, Köln
Für die Linzenzausgabe:
Copyright © 2010 by Bastei Lübbe GmbH & Co. KG, Köln
Umschlaggestaltung: Gisela Kullowatz
Titelbild: © Andreas W. Thelen
Autorenfoto: © Andreas W. Thelen
Satz: Bild1Druck
Gesetzt aus der TriniteNo1 Romanwid
Druck und Verarbeitung: CPI – Ebner & Spiegel, Ulm
Printed in Germany
ISBN 978-3-404-61669-5

Sie finden uns im Internet unter
www. luebbe.de
Bitte beachten Sie auch: www.lesejury.de

Der Preis dieses Bandes versteht sich einschließlich
der gesetzlichen Mehrwertsteuer.

Inhalt

»Take the glamour out of war! How the bloody hell can you do that? It's like trying to take the glamour out of sex, trying to take the glamour out of the Rolling Stones. Ohhh, what a laugh! Take the bloody glamour out of bloody war!«

Tim Page

Vorwort

Bevor das Flugzeug in einer steilen Spirale dem Flughafen von Bagdad entgegentaucht, ist die Stimme des Piloten über den Bordlautsprecher zu hören: »We are now in a combat zone.«

Wir befinden uns nun in einem Kampfgebiet.

Die schwere Transportmaschine der US Airforce legt sich auf die Seite und durch ein Fenster sehe ich diese dunstig-braune, dampfende Stadt unter uns. Nur in einem kleinen Teil davon wird geschossen. Aber überall, in allen Straßen und Gassen, auf Marktplätzen und in den flachen Häusern, kämpfen die Menschen. Um sauberes Wasser, um Strom, Benzin, Essen für ihre Kinder, um Frieden und ihre Würde, ums Überleben und den nächsten Tag. So gesehen, waren es alles Kampfgebiete, in denen ich in den letzten Jahren war. Nicht immer war Krieg. Aber immer haben Menschen darum gekämpft, dass sie gehört werden.

In einem Gedicht von Cees Nooteboom habe ich mal gelesen: »Eine Stadt, das sind alle Worte, die dort je gesprochen wurden.« Ich mag den Gedanken, dass mein Leben aus all den Geschichten besteht, die Menschen mir erzählt haben, damit andere davon erfahren.

Worte waren immer wichtig in unserer Familie. Mein Vater und meine Mutter sind Journalisten. Als kleines Kind lag ich auf einer

Decke im Arbeitszimmer meines Vaters und hörte ihn auf der Schreibmaschine tippen. Ich meine, mich sogar daran erinnern zu können. Vielleicht hat sich diese Erfahrung mir eingeprägt, nicht als scharfes Bild, aber als ein Gefühl von Geborgenheit. Vielleicht hat mir mein Vater diese Geschichte aber auch nur so oft erzählt, dass ich mir einbilde, mich daran zu erinnern. Ich weiß, es ist die Wahrheit. Nur weiß ich nicht mehr, ob es meine Wahrheit ist, so wie ich sie empfunden habe.

Ich möchte ein paar Dinge aufschreiben, bevor ich wieder vergesse, wie ich sie erlebt und empfunden habe, meine eigene Wahrheit. Ich möchte diese Geschichten aufschreiben, bevor ich sie nur noch als launige Anekdote oder, schlimmer, gar nicht mehr erzählen kann. Ich spüre, wie viele Geschichten schon jetzt anfangen, sich in mir einzukapseln oder sich zu zerstreuen, weil ich nie darüber gesprochen habe. Ich merke, dass viele Gefühle beginnen, als Schatten in mir zu leben, weil ich mich nicht mit ihnen beschäftigt habe.

Vieles, was ich in den letzten Jahren gesehen habe, verschwimmt schon. Ich lese meine Notizbücher und bin überrascht über das, was ich vor nicht allzu langer Zeit gedacht und aufgeschrieben habe. Drastisches, von dem ich damals meinte, ich würde es nie vergessen. Die Toten und die, die um sie weinen. Die Vertriebenen und das, was sie mit sich getragen haben. Die Kämpfenden und die Ideen, für die sie kämpfen. Ich bin zu einem Zeugen menschlicher Tragödien geworden. Und all diese Menschen haben verdient, dass ich mich so genau wie möglich an das erinnere, was wirklich geschehen ist.

Vor einigen Monaten saß ich mit drei anderen Journalisten in einem Café in der kleinen Stadt Sderot im Süden Israels. Sderot ist nur wenige Kilometer vom Gaza-Streifen entfernt, und fast täglich feuern radikale Palästinenser von dort Raketen auf israelisches Gebiet. Die Geschosse tragen genug Sprengstoff, um ein Haus zu zerstören. Wir wollten eine Geschichte darüber machen, aber seit Tagen hatte es keinen Beschuss mehr gegeben. Wir waren die einzigen Gäste in dem Café, unsere Kameras und Notizblöcke lagen auf dem Tisch. Die Kellnerin wusste, worauf wir warteten. Irgendwann legte ich einen Geldschein auf den Tisch und sagte: »Ich wette, dass zwischen 17 und 18 Uhr was passiert. Hält jemand dagegen?«

Sofort lagen mehrere Scheine auf dem Tisch. Ich weiß nicht wie, aber die Kellnerin verstand, worauf wir da setzten. Mitleidig sah sie uns an. Wir steckten unser Geld ziemlich schnell wieder ein.

Man versucht sich zu schützen und nicht alles an sich ran zu lassen und manchmal scheint es dann nur noch wie ein Spiel. Dieses Buch soll davon handeln, dass es eben kein Spiel ist. Menschen leben, Menschen kämpfen, Menschen sterben und wo immer man hinfährt, man lässt dort einen Teil von sich zurück.

Der erste Krieg, an den ich mich sehr konkret erinnern kann, ist der Golfkrieg von 1991, da war ich zehn. Ich sah ihn live im Fernsehen. Zwar hatte ich Angst, dass er irgendwie nach Deutschland kommen könnte, aber ich bewunderte die Männer, die im Fernsehen über diesen Krieg berichteten. Ich wollte dazu gehören. Ich glaube, ich bin auch deshalb Reporter geworden, weil ich mir nicht gerne erzählen lasse, wie die Dinge angeblich sind. Ich sehe sie mir lieber selbst an. Dieses Buch soll von den Dingen handeln, die ich gesehen, gehört und gerochen habe und bezeugen kann. Von Kriegen im Irak, in Afghanistan, in Israel und im Kaukasus. Von den Flüchtlingslagern an der Grenze zu Darfur. Von den Stränden Asiens nach dem Tsunami.

Reporter wird man, wie man süchtig wird, schleichend. Am Anfang ist es vielleicht frustrierend, weil die Geschichten, von denen man träumt, immer größer sind als die, die man macht. Man hat immer zu wenig Zeit für die Recherche und zu wenig Platz in der Zeitung. Doch irgendwann merkt man, dass man Menschen berühren kann. Das passiert ein paar Mal und auf einmal will man nie wieder etwas anderes tun.

Einen solchen Moment erlebte ich vor drei Jahren. In einer Felsenhöhle in den Wäldern Kroatiens waren die Knochen von sechzig deutschen Wehrmachtssoldaten gefunden worden. Sie waren in den letzten Tagen des Zweiten Weltkriegs erschossen und in dieses Loch im moosigen Waldboden geworfen worden. Nach tagelanger Suche trafen mein Fotograf Till Budde und ich einen kroatischen Höhlenforscher, der da unten Fotos gemacht hatte. Bilder von Knochen, Brillen, Stiefeln, Gürtelschnallen – und Erkennungsmarken. Wir fanden heraus, wer eine dieser Marken getragen hatte. Der Mann war seit 1945 vermisst gemeldet, aber seine Tochter lebte noch. Sie war inzwischen über 80 und wohnte in der Nähe von Aachen. An einem Sommerabend klingelten wir bei ihr mit einem Stapel Fotos. Auf den Fotos waren der Ort, der Wald, die Erkennungsmarke und die Knochen. Es dauerte ein Weilchen, bis wir sie davon überzeugt hatten, dass wir ihr nichts verkaufen wollten. Aber schließlich ließ sie uns herein. Die karge Wohnung einer Frau, die nie geheiratet hatte. Stuhl, Bett, Tisch. Auf dem Tisch eine gewachste Decke. Auf der Decke ein Kristallaschenbecher, darin eine dicke Kerze. Die Frau trug ihr Haar in einem Dutt. Sie sah immer noch aus wie auf den Bildern ihrer Jugend, die sie uns später zeigte.

Wir erzählten ihr, was wir über ihren Vater herausgefunden hatten, wie er seine letzten Tage verbracht hatte und auch wie er gestorben war. Zwei Stunden lang hörte sie uns zu. Als wir dann gingen, sagte sie zum Abschied: »Jetzt habe ich endlich Ruhe.«

Die Lücke eines Lebens hatten wir gefüllt.

Ich komme von einer Geschichte zurück und denke, ich könnte eine Zeit lang ausruhen. Ins Café gehen, in Bars, Freunde treffen, über normale Sachen reden, das Wetter, Fußball, Filme. Aber schon nach wenigen Tagen habe ich das Gefühl, irgendwo etwas zu verpassen. Ich ertappe mich dabei, dass ich ins Internet gehe, den Fernseher einschalte und auf eine Eilmeldung hoffe. Ein Erdbeben, ein Anschlag, ein Ort, an den ich fliegen kann. Meine Freunde sagen immer, ich würde mich in einem Kriegsgebiet zurechtfinden, aber in meinem eigenen Stadtteil verfahre ich mich.

Je mehr man sieht, desto mehr braucht man. Manchmal geht es für einige Wochen, aber manchmal stehe ich auch auf einer Party an der Bar, unterhalte mich über irgendein alltägliches Thema und habe Mühe, meine Sätze zu Ende zu sprechen, so sehr langweilen sie mich. Ich kann nicht erwarten, dass Menschen auf einer Party nur über Leben und Tod reden wollen. Ich muss aufpassen, meinen Freunden nicht zu sehr mit »Denk-mal-an-die-Menschen-in-Afrika«-Geschichten auf die Nerven zu gehen. Und deswegen fliege ich immer wieder los, an Orte, an denen nichts normal ist.

Die Kriege und Katastrophen hinterlassen blinde Flecken in meinem Leben mit meinen Freunden, meiner Familie, meiner Frau. Sie lebt damit, dass es immer wieder wochenlange Phasen gibt, von denen sie wenig weiß. Wenn ich zurückkomme, fragt sie einmal, wie es war. Und wenn ich nur »Alles gut gelaufen« sage, fragt sie nicht weiter. Ich würde ihr gern mehr erzählen. Aber alles, was ich nicht erzähle, ist nur in meinem Kopf, nicht in unserer Wohnung. Schreiben ist für mich leichter als sprechen.

Ich laufe über das Rollfeld am Flughafen von Bagdad. Es ist Nacht. Irgendwo in der Schwärze vor mir steht ein Hubschrauber. Der heiße Wind, den seine Rotorblätter aufwirbeln, weht mir entgegen. Ein paar Schritte, dann bin ich da. Ich werfe meine Taschen in die grün beleuchtete Kabine des Blackhawk und springe an Bord. Ich klinke die Gurte ein. Der Bordschütze zeigt mir das Daumen-hoch-Zeichen und mit einem sanften Ruckeln heben wir ab. Ich drücke mir die Kopfhörer meines iPods in die Ohren und drehe einen Elvis-Song auf.

We're caught in a trap
I can't walk out
Because I love you too much baby

Unter mir fließen die Lichter von Bagdad vorbei. Es ist das Leben, das ich immer wollte. Ich fliege durch eine Nacht, in der sich alles ändern kann, in einer Sekunde, mit einem Schuss oder einem Windstoß. Ich weiß nicht, wo ich landen werde. Ich finde etwas – Mut, Angst, Trauer, Hass, Wut, Tapferkeit – und erzähle davon. Ich sehe, wie gut und wie schlecht Menschen sein können. Und manchmal finde ich nichts, außer etwas über mich selbst, eine Erkenntnis, ein Gefühl.

Auf dem Weg in den Irak oder nach Afghanistan landen die meisten US-Soldaten auf einer Luftwaffenbasis in Kuwait. Eine Zeltstadt in der glühenden Wüste. Die Soldaten bleiben dort ein paar Tage, bevor sie ein Flugzeug in Richtung Krieg besteigen. Es gibt nicht viel zu tun und man ist gut damit beschäftigt, sich an die Hitze und den Staub zu gewöhnen. Man liegt mit zwanzig oder dreißig anderen Männern in einem der Transitzelte, auf einer ausgeleierten Matratze und fragt sich, was mit denen geschehen ist, die hier vorher gelegen haben. Auf dem Weg zum Flugplatz gibt es einen riesigen Appellplatz, der nachts von Flutlicht erhellt wird. Auf Holzschildern stehen dort die Reiseziele: Bagdad, Tikrit, Mosul, Bagram.

In den Toilettencontainern dieses Camps hinterlassen die Männer Zeichnungen und Botschaften. Es sind Worte aus den Kampfgebieten, die Menschen in sich tragen.

»15 Monate Irak, Erika – eternal love.« Ewige Liebe. »Deine Erika vergnügt sich zu Hause mit Deinem besten Kumpel«, hat ein anderer danebengekritzelt.

Auf einer Wand steht: »I'm looking for a lady tonight.« Daneben: »You're looking in the wrong place.«

Mit blauem Kugelschreiber: »Noch nicht mal da und ich zähle schon die Tage.«

Und darunter lese ich: »Und ob ich schon wanderte im finsteren Tal, fürchte ich kein Unglück. Denn ich bin der mieseste Typ, der in dem ganzen Tal rumläuft.«

1
Thailand: Der Tsunami

Von einem Hügel blicke ich über die Bucht von Khao Lak, Thailand. Das Meer ist erstarrt, braun, als wäre das Wasser zäh geworden von all dem, was es mitgerissen hat. Weiter im Land, hinter dem zerwühlten Strand, stehen Autos auf Häusern. Schiffe liegen im Wald. Palmen, ausgewachsene Palmen sind zu surrealen Reisigbündeln verdreht, über die Straßen verteilt. Mofas, Surfbretter und Jetskis sind grelle Flecken in den grauen Trümmern. An manchen Stellen erkenne ich noch die Umrisse von Hotels, Grundmauern, Holzpfähle. Ganze Dächer verstreut über die Gegend. Nichts ist mehr an seinem Platz.

Auf dem Hügel höre ich nur die Geräusche des Waldes, dumpfes Zirpen und Summen, das von überall her zu kommen scheint. Aus dem vernichteten Ort da unten kommt kein Laut. Stille. Es ist unheimlich.

Am 26. Dezember 2004 wache ich mit Kopfschmerzen auf. In der Nacht zuvor habe ich einem amerikanischen Freund, der uns mit seiner Frau über Weihnachten in Hamburg besucht, die Reeperbahn gezeigt. An der Herbertstraße hat ihn beeindruckt, dass die Huren in Deutschland sogar am ersten Weihnachtfeiertag arbeiten. Darauf, hat er gesagt, müsse er erstmal einen Whiskey trinken. Aus dem einen Whiskey war eine Flasche geworden. Später in der Nacht haben wir noch ein paar Schulfreunde von mir getroffen. In einer Seemannskneipe habe ich einer alten Freundin erzählt, dass ich mich nach zwei Wochen Urlaub langsam langweilen würde, dass nun mal wieder etwas passieren könne in der Welt. Ich ahnte zu dieser nächtlichen Stunde nicht, dass es schon bald soweit sein würde.

Mein amerikanischer Freund und ich sind im Morgengrauen nach Hause getorkelt und haben uns in der Küche über einen Topf

Chilli con Carne hergemacht, dazu noch ein Glas Bourbon getrunken. Während das dunkle Blau eines Wintermorgens durchs Fenster schien, hat er mir erklärt, warum Hillary Clinton niemals US-Präsidentin werden könnte (womit er ja Recht behalten sollte). Es war eine dieser wunderbaren Nächte, in denen man quatscht und trinkt, tanzt und nicht darüber nachdenkt, was anderswo auf der Welt passiert. Es war so eine Nacht, in der man sich als Mittelpunkt der Welt fühlt. Ungefähr zu dieser Stunde bebte der Meeresboden des Südpazifik und löste eine Welle aus, die unbemerkt auf Südostasien zurollte. Wenig später sollte die ganze Welt darüber sprechen, doch noch war alles still.

Wenn ich meine Schreibblöcke durchblättere, denke ich oft, wie nah die Dinge in meinen Notizen beieinanderliegen. Da stehen Eindrücke von Großspielern in Las Vegas neben den Worten einer Mutter, deren Kind ermordet wurde. Da stehen Sätze, die ich mir auf einem zerbombten Markplatz in Ägypten aufgeschrieben habe, neben den Worten amerikanischer Soldaten im Irak. Und auf all das, was ich mir an den todübersäten Stränden Thailands notierte, folgen die Gedanken von Glücksforschern, die entschlüsseln, wie Menschen ihr Leben am besten meistern können, zumindest wenn nichts Unerwartetes dazwischenkommt. Ich mag meine Notizbücher, weil sie dabei waren, zusammen mit mir an jedem der Orte, von denen ich in ihnen berichte. Manche Bücher haben Flecken von Schweiß, Dreck, in einem Buch sind die Seiten grau vom Ruß einer Reportage über die letzten Bergleute des Ruhrgebiets. In meinen Notizbüchern sind Dinge nebeneinander versammelt, die nichts miteinander zu tun haben. Außer, dass all diese Geschichten von Menschen handeln, die ich getroffen habe. Die mir in wichtigen Momenten ihres Lebens gestattet haben, in ihrer Nähe zu sein, sie zu beobachten und zu befragen. Man wird immer wieder mit Men-

schen durcheinandergewürfelt. Mal mit einer Frau, die ihren alko-
holkranken Mann nicht mehr erträgt, mal mit Bestseller-Autoren
oder Stierkämpfern, mal mit Weltgeschichte. Und genau deswegen
bin ich Reporter geworden.

Mein Wecker klingelt an diesem Morgen um zehn, weil meine Frau,
unsere Freunde und ich bei meinen Eltern zum Weihnachtsfrüh-
stück eingeladen sind. Ich bin angeschlagen und schalte entgegen
meiner Gewohnheit das Radio nicht ein, weil ich keine Geräusche
will. Ich dusche und wir fahren los; meine Frau, unsere amerikanische Freundin und ich. Unser amerikanischer Freund bleibt im Bett,
er ist noch zu berauscht.

Bei meinen Eltern läuft der Fernseher. CNN zeigt Bilder von
Trümmern, Autos, Menschen, Dächern, die durch die Straßen asia-
tischer Küstenstädte treiben. Eine riesige Flutwelle hat die Region
getroffen. Ein Tsunami. Bis zu diesem Tag hatte es, glaube ich, noch
kein Tsunami in das aktuelle Nachrichtenprogramm von CNN geschafft. Und auch die roten Tickerbänder im deutschen Fernsehen
deuten darauf hin, dass etwas Größeres passiert sein muss. Diesmal
ist es keine Flut in Bangladesch oder Indonesien, von der in zwei
Tagen kein Mensch mehr sprechen wird. Die leichte Beunruhigung
im Gesicht der Nachrichtensprecher, das ungläubige Zittern in den
Stimmen der Augenzeugen, die per Telefon zugeschaltet sind und
aus dem Katastrophengebiet berichten, macht die Sache unheimlich. Das Datum: Weihnachten, Urlaubszeit. Der Ort: Traumstrände
dieser Welt.

Wir beginnen zu frühstücken, zwischendurch laufe ich immer
wieder zum Fernseher. Als zum ersten Mal von über tausend Opfern
die Rede ist, rufe ich in der Redaktion an. Wir warten noch, heißt es.
Wenig später melden die Behörden in der betroffenen Region meh-

rere tausend Tote, möglicherweise seien auch Deutsche darunter. Wieder rufe ich in der Redaktion an. Diesmal ist die Antwort: Fahr hin.

Als ich ein paar Stunden später am Hamburger Flughafen für den Flug über Frankfurt nach Bangkok eincheck, sagt der Mann am Lufthansa-Schalter: »Oh Gott, nach Thailand? Sie wissen aber schon, was da passiert ist, oder?« »Ja, darum fahre ich.«

Wenn etwas typisch für diesen Beruf ist, dann dass wir ständig dahin fahren, wo alle anderen abhauen. Ich weiß nicht, wie oft ich schon folgenden Dialog hatte. »Da wollen Sie hin? Aber da ist doch ...« Antwort: »Ja, genau deswegen.« Wo Menschen flüchten, entsteht ein Vakuum der Geschichte, des Erzählens, des Erinnerns. Die Menschen gehen weg, weil sie nicht mehr Zeugen des Grauens sein wollen. Wenn man aufhört, an die Orte zu gehen, von denen die Menschen flüchten, dann gibt es irgendwann keine Geschichten mehr über diese Orte. Dann wird auch all das Leid, was an diesen Orten geschieht, vergessen.

In Frankfurt treffe ich mich mit meinem Fotografen und um 22 Uhr fliegen wir los auf der Nachtmaschine der Thai Airways. Flug TG7823 ist fast leer. Wir strecken uns auf den Sitzen aus und schlafen. Das sind eigentlich immer die schönsten Momente: wenn ich einer Geschichte entgegenfliege, ohne schon etwas tun zu können. Nur warten und überlegen, wie es wohl sein wird.

Von jeder Geschichte habe ich vorher eine Vorstellung. Eine Idee, wie es dort aussehen, riechen und ablaufen wird. Wo ich ansetzen, wo ich zuerst hinfahren könnte. Als wir Richtung Thailand fliegen, überlege ich, ob wir wohl Tote dort sehen werden oder ob sie schon alle in den Leichenhallen der Krankenhäuser liegen werden. Meine Erfahrung ist, dass es später nie so aussieht, wie ich es mir vorstelle, nicht einmal ansatzweise. Als Till Budde, der Fotograf, und ich irgendwann über Asien erwachen, unterhalten wir uns darüber. Ich sage, wir müssten vielleicht in den Leichenhallen fragen, ob es deutsche Opfer gebe. Wir denken, es wird sicher überall Absperrungen geben, wie es in Deutschland und Europa bei Katastrophen üblich ist. Wir überlegen, ob wir noch irgendwo auf dem Weg in die Gebiete genug Dollarscheine auftreiben können, um uns den Weg an den Absperrungen vorbei zu kaufen. Man macht sich so seine Gedanken. Auf eine bizarre Art bringt man sich damit in Stimmung, man tastet sich an die Geschichte heran. Man spielt Situationen durch, nur um später festzustellen, dass es doch wieder alles ganz anders ist.

In Bangkok müssen wir stundenlang auf unseren Anschlussflug warten. Der Flughafen von Phuket ist für zivile Flüge noch gesperrt. Wir liegen am Abfluggate auf dem filzigen Teppichboden, dösen und beobachten die Frachtmaschinen des Militärs, die draußen landen. Wir sehen die blinkenden roten Lichter vieler Krankenwagen auf die Flugzeuge zutreiben wie Glühwürmchen. Wir versuchen zu erkennen, ob Verletzte verladen werden, aber die Flugzeuge sind zu weit weg, da hinten am Ende des Tarmacs. Die Redaktion schickt mir Nachrichten aufs Handy. Alle halbe Stunde piepst es. 5000 Tote. 6000 Tote. 8000 Tote. Wer eine Zigarette rauchen geht, bringt dem anderen etwas zu essen mit.

Ich weiß nicht, wie viel Zeit vergeht, bis wir endlich an Bord der Bangkok Airways gehen können. Außer uns sitzen da nur sieben weitere Passagiere. In einem leeren Flugzeug denke ich immer, der Pilot würde sich vielleicht weniger Mühe geben als sonst.

Der Flughafen von Phuket liegt direkt am Meer. Auf dem Vorfeld sehe ich umgestürzte Palmen und angeschwemmten Schrott. Ich will nur raus aus der Maschine und sehen, was passiert ist. Das

Terminal betreten wir durch einen langen Gang. Eine Glasscheibe trennt uns vom Abflugbereich. Dort, auf Plastikbänken, im surrealen Schein des Neonlichts, sitzen Touristen. Sie starren vor sich hin, als würde ein Film immer und immer wieder vor ihrem inneren Auge ablaufen. Ungläubig. Geschockt. Wahnsinnig. Viele von ihnen tragen nur eine Badehose, einen Bikini. In der Zugluft der Klimaanlage müssten sie eigentlich frieren, aber sie rühren sich nicht. Ich sehe kein Zittern, keine Bewegung, nichts. Sie haben Schürfwunden, Platzwunden, leichte Verbände, dicke Verbände, Pflaster, Armschlingen, Beinschienen. Wie Zombies sitzen sie da.

In einem der Kleinbusse, die sonst Backpacker in die paradiesischen Küstenorte Thailands bringen, fahren wir wenig später auf einer schmalen Straße Richtung Khao Lak, 120 Kilometer nördlich von Phuket. Dort, so haben wir gehört, hätte der Tsunami am schlimmsten gewütet. Dort, auf dieser schmalen, gewundenen Straße, finde ich die Bilder, die ich nicht mehr vergessen werde. Es sind erst anderthalb Tage vergangen, seit die Welle Asien getroffen hat. Die Straßen sind fast leer, sowohl die meisten Journalisten als auch die Rettungskräfte sind noch auf dem Weg in die Region. Die Straße führt an der Küste entlang und immer, wenn sie besonders nah am Wasser verläuft, ist sie bedeckt mit einer dünnen, brüchigen Schicht aus getrocknetem Schlamm. Wir haben alle Fenster in dem kleinen Bus geöffnet und rauchen, die Luft über den bewaldeten Hügeln tropft, unser Fahrer jagt mit über 100 Stundenkilometern durch die engen Kurven. Je näher wir Khao Lak kommen, desto öfter überholen uns Krankenwagen mit heulenden Sirenen. Und irgendwann kommen die Laster. Es sind LKW des thailändischen Militärs. Auf der offenen Ladefläche stapeln sich Holzsärge, siebzig, achtzig, neunzig, auf jedem Laster. Darauf sitzen thailändische Soldaten, die grinsen, während sich die LKW-Fahrer mit unserem Fahrer selbstmörderische Überhol-Schlachten liefern. Es ist eine abenteuerliche Szene, aber in dem Moment denke ich mir nichts dabei – nur, dass es ganz anders ist, als ich es mir vorgestellt habe.

Als wir vielleicht noch fünf Kilometer von Khao Lak entfernt sind, kommt uns ein Pick-up-Truck entgegen. Der Truck ist rot. Auf der Ladefläche sitzen Thais, die sich bunte Tücher vors Gesicht gebunden haben. Sie sehen aus wie Banditen. Der Truck ist schon fast vorbei, da erst erkenne ich, dass da auch Arme von der Ladefläche hoch ragen. Starre, verrenkte Gliedmaßen von Toten. Verkrampfte Hände, die aussehen, als würden sie nach etwas greifen. Ich stoße Till an, aber als er die Kamera hebt, ist der Wagen schon hinter uns verschwunden. Ich ärgere mich in diesem Moment, weil ich denke, wir hätten jetzt vielleicht das wichtigste Bild dieser Katastrophe verpasst. Aber es folgen noch mehr solcher Wagen, bevor wir einen Hügel hinunterfahren und nach Khao Lak reinkommen. Kein Polizist, kein Soldat, keine Absperrung hält uns auf. Mit diesen Trucks beginnt für mich der Tsunami.

Wir steigen aus in einer Trümmerwüste. Ich hatte keine Vorstellung von der zerstörerischen Kraft des Wassers. Links der Straße können wir über die blanken Fundamente kleiner Bungalows, über abgeknickte Palmen und auf dem Kopf liegende Autos bis zum leblosen Meer sehen. Entlang der Straße sind weiße Pakete abgelegt, hastig verpackte Mumien. Menschen, die Helfer eilig in weiße Laken gewickelt und verschnürt haben. Eine der Mumien ist klein, wohl ein Kind, blonde Haare hängen aus dem Tuch. Ich muss an einen Autobahnunfall denken, über den ich mal geschrieben habe. Zufällig war ich kurz nach der Feuerwehr am Unfallort gewesen, irgendwo zwischen Hamburg und Berlin. Völlig ungehindert war ich zwischen den Autowrackteilen umhergegangen, es war früh am Morgen gewesen, nichts abgesperrt. Unter einer Filzdecke hatten die blonden Haare eines Mädchens herausgeguckt. Haaren sieht man den Tod gleich an. Sie werden ganz schnell stumpf, aschig.

Über den Mumien tanzen Fliegenschwärme. Ihr Summen ist das einzige Geräusch an diesem absurd stillen Ort, ich gehe ratlos auf der Straße auf und ab. Till macht ein paar Bilder. Eine Atombombe hätte nicht mehr Verwüstung hinterlassen können. Khao Lak an diesem Tag ist ein gespenstischer Ort, an dem es kein Leben mehr gibt. Kein Leben und keinen Laut, ein Ground Zero der Naturgewalt.

Wir gehen in Richtung Strand. Dort treffen wir einen jungen Mann. Er ist Schweizer und fragt uns, ob wir wüssten, wann ein Bus nach Bangkok ginge. Er redet wirr und starrt uns aus glasigen Augen an. Er erzählt stotternd, dass er einen Tauchausflug gemacht hätte. Als er wiederkam, sei alles weg gewesen, alles zerstört, jetzt müsse er den Bus nach Bangkok suchen. Er geht weiter in die Richtung, aus der wir gekommen sind. Er ist verrückt geworden.

Das Meer läuft ruhig und plätschernd in sanften Wellen auf den Strand. Nichts daran wirkt bedrohlich, nur trüb ist es. Trüber als ich es von meinen Urlaubsreisen nach Thailand kenne. Ich habe schon oft in diesem Meer gebadet. Kristallklar und blau war es immer. Jetzt ist es eine milchige Brühe. Man sieht, dass noch all der Schlamm und die Trümmer darin sind, die es eingesaugt hat. Es sieht aus wie ein Tümpel im Wald, nur weiter.

Am Strand finden wir alles, was Menschen mit in den Urlaub nehmen. Sonnenmilch, Flipflops, Digitalkameras, zerfledderte Bücher, Reisepässe, Kinderspielzeug; einen roten Lolli sehe ich. Und immer wieder liegen da Menschen, so verkrümmt wie sie auch auf den Pick-ups gelegen haben.

Es ist erstaunlich, wie schnell man sich an den Tod gewöhnt. Der Geruch ist grauenvoll, aber der Anblick erscheint schon bald nor-

mal. Viel schlimmer als der Tod sind die Lebenden, die er zurück-
lässt.

Früh am nächsten Morgen gehen Till und ich zum Rathaus von
Phuket Town. Im Garten rund um den alten Bau sind Stellwände
aufgebaut. Auf der einen Seite haben Menschen Fotos von Freunden, Kindern, Eltern, Bekannten aufgehängt, die sie seit dem Morgen des 26. Dezember nicht mehr gesehen haben. Urlaubsfotos.
Braun gebrannte Gesichter, sonnen- und meerwassergebleichte
Haare, Lachen, Strand und Palmen im Hintergrund. Unter den
Fotos stehen Telefonnummern, die man anrufen soll, wenn man
die Person gesehen hat, an irgendeinem Ort, in irgendeinem Krankenhaus. Unter dem Foto einer jungen Frau steht: »I love this wo-
man. Please help!«

Auf der anderen Seite hängen die Fotos von Toten. Steckbriefe,
die all den suchenden Angehörigen zumindest Gewissheit verschaffen sollen. Kleine thailändische Jungs laufen mit großen, staunen-
den Augen zwischen den Wänden umher und starren auf die span-
nenden Bilder wie durch eine verbotene Tür. Die Erwachsenen auf
den Fotos sehen angestrengt aus, so als hätten sie sich lange ge-
wehrt gegen das Wasser. Die Kinder wirken friedlicher, ruhiger,
sanfter, als ob es ihnen leichter gefallen wäre, das Leben loszulassen.
Ich sehe Eltern, die an diesen Stellwänden entlang schleichen und
es kaum wagen, sich die Fotos anzusehen.

Europäer, die angereist sind, um vermisste Freunde und Verwandte zu suchen, fragen mich, ob ich in Khao Lak gewesen sei, wie
es dort aussehe. Ich sage, ich wisse es auch nicht. Neben mir bricht
eine Australierin zusammen, die auf einem der Bilder die beste
Freundin ihrer Tochter erkannt hat. Sie fängt an zu weinen, ihr
Mann nimmt sie in den Arm. Die Frau schlägt auf ihren Mann ein.
Später erzählt mir diese Frau, dass sie die Freundin ihrer Tochter

mit in den Urlaub genommen haben. Dass sie den Eltern nun erklären müsse, was geschehen sei. Und dass sie es sich übel nehme, noch am Leben zu sein, sich dafür schäme, dass ihre eigene Tochter noch lebe.

Die Wahrheit ist, dass es bei dieser Katastrophe unmöglich war, seine Kinder zu beschützen. Tod und Leben wurden an diesem 26. Dezember wahllos verteilt. Kleine Kinder, die direkt am Strand spielten, überlebten, während erwachsene, starke Männer, die sich hinter Hauswänden versteckten, starben. Es gab kein erkennbares Muster. Es gab keine sicheren Orte. Es gab nur Glück, Schicksal oder Gott – woran auch immer man glaubt.

Die Frau fragt mich, was sie der anderen Mutter denn sagen solle. Ich kann ihr nur raten, es genauso zu erzählen, wie es geschehen ist. Man muss sich in diesem Beruf sehr daran gewöhnen, keine guten Antworten zu haben. Man muss sich daran gewöhnen, nicht so gut zu sein, wie man gerne wäre.

Im Vachira, dem größten Krankenhaus Phukets, sitze ich am Bett eines kleinen Mädchens, dessen Eltern vermisst sind. Hannah heißt die Kleine. Sie hat schreckliche Schürfwunden am ganzen Körper, Fieber, erste Anzeichen einer Blutvergiftung, ihr Arm ist gebrochen. Die Welle hat sie und ihre Mutter aus dem Hotelzimmer in Khao Lak gespült. Sie erzählt mir, wie sie unter Wasser gezogen wurde und nicht mehr hoch kam, weil so viele Trümmer an der Oberfläche schwammen. Irgendwo weit vor der Küste tauchte sie wieder auf. Nach über einer Stunde im Wasser zog sie ein Mann auf eine schwimmende Matratze. Später, erzählt sie mir, hat sie auf einem der Sammelplätze ein australisches Ehepaar getroffen, das seine Tochter vermisste. Ein paar Stunden haben sie dort zusammen gesessen und auf Hilfe gewartet: die Tochter ohne Eltern und die Eltern ohne Tochter.

Ich habe einen Rosenkranz dabei, den mir meine Eltern zu Weihnachten geschenkt haben. Ich bete mit Hannah, weil sie aus einer sehr katholischen Gegend kommt und mir in diesem Moment nichts Besseres einfällt. Sie fragt mich, wo ihre Eltern seien – auch darauf habe ich keine Antwort. Als ich gehen muss, überlege ich, ihr den Rosenkranz zu schenken. Dann denke ich: Sie wird bald ausgeflogen, ich bleibe noch hier. Vielleicht brauche ich ihn noch.

Den Rosenkranz habe ich bis heute auf jeder Reise dabei, aber ich wünschte, ich hätte ihn dem Mädchen geschenkt. Wie gesagt, man ist nicht immer so gut, wie man gerne wäre.

Später fahren wir zum Flughafen von Phuket. Es landen immer mehr Maschinen mit Angehörigen, die eigenhändig nach ihren Familien suchen wollen. Wenn sie mich fragen, rate ich ihnen, nicht nach Khao Lak zu fahren, aber niemand lässt sich davon abbringen. Das einst malerische Dorf am Meer ist inzwischen, drei Tage nach der Welle, nur noch eine einzige schauderhafte Leichenhalle. In den buddhistischen Tempeln des Ortes liegen unter Mango-Bäumen Tausende von Toten, denen man nach Tagen in der Sonne nicht mehr ansieht, was sie sind: Mann oder Frau, Thailänder oder Europäer. Der süß-faulige Gestank nimmt mir den Atem, er hängt inzwischen über der ganzen Küste. Wenn wir abends ins Hotel zurückkehren, diesen Geruch in unseren Klamotten, sieht uns das Personal an, als wären wir aus der Hölle geklettert. Keine Gewissheit der Welt ist diesen Anblick wert. Aber die Menschen fahren trotzdem dorthin.

Am Flughafen fällt uns eine Gruppe kräftiger Männer in dunkelblauen Overalls auf. »Deathcare Embalming« steht auf ihren schweren Jacken. Die Männer sind, wie sich herausstellt, aus Deutschland. Keine Retter im eigentlichen Sinne, sondern Retter dessen, was noch zu retten ist. Eine ehrenamtliche Gruppe von Bestattern, die sich zusammengeschlossen hat, um bei Naturkatastrophen Tote einzubalsamieren, in Zinksärge zu betten und in ihre Heimat zu verschicken. Einer von ihnen erzählt uns gut gelaunt, dass sein Vater schon Willy Millowitsch unter die Erde gebracht hat, die Männer wirken auf eine erleichternde Art unerschrocken und so schließen wir uns ihnen an, um über ihre Arbeit zu berichten.

Gleich für den nächsten Morgen verabreden wir uns mit den Deathcare-Männern in ihrem Hotel. Als wir ankommen, wartet schon eine Frau in einem ordentlichen Kostüm in der Lobby. Sie hat eine Aktentasche und ein Clipboard dabei. An ihrer Bluse heftet ein Namensschild, »Deutsche Botschaft«. Sie telefoniert. Als sie uns sieht, beendet sie ihr Telefonat und kommt auf uns zu.

»Sie sind doch die Journalisten, die die Bestatter begleiten wollen?«, fragt sie.

»Ja.«

»Haben Sie ein Genehmigungsschreiben vom Auswärtigen Amt?«

Till und ich gucken uns ratlos an.

»Ich glaube, wir brauchen hier keine Genehmigung vom Auswärtigen Amt«, sage ich, und wir gehen an ihr vorbei. Sie versucht nicht uns aufzuhalten. Es ist immer wieder erstaunlich, wie schnell die deutsche Bürokratie es an die unwahrscheinlichsten Orte der Welt schafft.

Wir trinken Kaffee mit den Bestattern, rauchen ein paar Zigaretten, beim Frühstück sprechen sie über die Vorteile neuer Sargmodelle und dann geht es los. Auf der Ladefläche eines Pick-ups brechen wir mit drei Bestattern zu den Tempeln von Khao Lak auf. Die Sonne scheint und obwohl wir streng genommen auf einem Leichenwagen in den Tag rollen, ist es ein schöner Morgen. Die Seele setzt sehr schnell Hornhaut an.

Vom deutschen Außenministerium haben die Bestatter den Auftrag, einen der wenigen bereits identifizierten Deutschen aus einem der Tempel zu holen und für den Transport nach Deutschland vorzubereiten. Sie sind noch nicht in den Tempeln gewesen und ahnen nicht, was sie dort erwartet. Sie erzählen, wie wichtig es für Menschen sei, an einem Sarg, an einem Grab, an einem festen Ort trauern zu können. Sie sagen, sie würden sich als Retter verstehen, wie die Leute vom Roten Kreuz oder vom THW, nur eben Retter von Toten. »Für Ärzte ist das hier sicher frustrierend«, sagt einer von ihnen. »Die wollen helfen und finden kaum noch jemanden, dem sie helfen können. Aber für uns ist die Sache von Anfang an klar. Wir wissen, dass wir es mit Toten zu tun haben werden.«

Sie sind gelassen, Bestatter eben, denke ich, dann fahren wir nach Khao Lak rein und es ist noch schlimmer als an den Tagen zuvor. In den Tempeln hat man inzwischen Trockeneis zwischen die Körper gelegt, um sie in der brennenden Tropensonne zu kühlen und die Verwesung zu verlangsamen. Ein hilfloser Versuch, der die Tempel in weiß dampfende Totenfelder verwandelt; wie Geister stapfen Gerichtsmediziner aus aller Welt darin herum, gehüllt in ihre blassgrün schimmernden OP-Umhänge, Haube auf dem Kopf und Mundschutz vorm Gesicht. Manchmal taucht ein orange gekleideter Mönch zwischen den Schwaden auf. Die Mönche tragen nur Sandalen und ihre Gesichter sind verwirrend ungerührt. Vor den Füßen vieler Toter haben sie Räucherkerzen aufgestellt. Später sehe ich einen Mönch, der die Reihen der Toten abschreitet und jedem einzelnen zunickt. Als ich ihn frage, warum er das tut, antwortet er: »Die Seelen gehen leichter, wenn man sie verabschiedet.«

Auch Europäer sind da, die sich Tücher vors Gesicht drücken und sich über Tote beugen, um vielleicht einen Freund oder Verwandten wiederzuerkennen. Der Tod ist so überwältigend, dass die

Lebenden wie geisterhafte Fremde wirken. »Ach du Scheiße«, sagt
einer der deutschen Bestatter, als wir vom Pick-up springen. Till
folgt den Männern, als sie sich von einem thailändischen Arzt zu
der Kiste mit dem toten Deutschen führen lassen und einen kurzen
Blick auf den Körper werfen. Ich habe ihn immer darum beneidet,
dass er solche Szenen durch den Sucher seiner Kamera betrachten
kann. Die Eindrücke gehen erst in die Kamera und dann in den
Kopf, glaube ich. Man muss erstmal über Blende, Zeit, Bildaus-
schnitt nachdenken, bevor man sich überlegt, wer die Toten sind,
wie sie gelebt haben und wie sie gestorben sind.

Auf der Holzkiste steht der Name des Mannes. Die Bestatter er-
zählen uns, er sei auf Hochzeitsreise gewesen. Seine Frau habe ver-
letzt überlebt und sei kurz nach dem Tsunami ausgeflogen worden.
Wir verladen die Kiste auf unseren Pick-up, setzen uns daneben –
Till, zwei Bestatter und ich – und fahren los Richtung Flughafen
Phuket. Der Fahrtwind verweht die Gerüche aus der Holzkiste.

Als Erstes klingelt mein Telefon. Mein Vater ist dran und will
wissen, wie es uns geht. »Alles okay«, sage ich und schlucke die Tränen runter. Es ist unmöglich, mit den Gedanken gleichzeitig in
zwei Welten zu sein. Auf der Ladefläche zu sitzen neben einem
Toten ist in Ordnung, solange das die einzige Realität ist. Aber sobald die Gedanken ausreißen Richtung zu Hause, sobald man die
Stimmen von da hört, zerlegt es einen, so ging es mir zumindest.
In diesen Momenten ahnt man, dass man gerade etwas erlebt, das
man niemals wird teilen können. Immer, wenn sich diese Welten
vermischen, spüre ich, dass ich als ein anderer Mensch zurückkommen werde und dass es keine Möglichkeit geben wird, das
Erlebte zu teilen. »Wir sehen die Bilder hier im Fernsehen, mein
Junge«, sagt mein Vater. »Ich möchte nicht wissen, was ihr da alles
erlebt.«

Ich habe es immer als Privileg empfunden, an den Orten zu sein, auf die die ganze Welt blickt. Es ist ein Geschenk, die Geschichte erzählen zu können, wie man sie selbst erlebt. Aber mit meinen Eltern oder meiner Frau darüber sprechen, das konnte ich nie. Es ist leichter, die Story Millionen Menschen zu erzählen als einer Person, die einem ins Gesicht guckt.

Kurz nachdem ich aufgelegt habe, klingelt das Handy eines der Bestatter. Im Rauschen der Schnellstraße höre ich nur Satzfetzen wie »Ja, wir haben ihn jetzt bei uns ...« und »Kümmere ich mich drum« oder »Natürlich, so schnell wie möglich.« Der Bestatter, dessen Vater schon Millowitsch beerdigt hat, legt auf und reibt sich die Augen. Er klopft auf den Holzsarg und sagt: »Da war seine Frau. Sie will, dass ich ihm den Ehering abnehme, bevor wir ihn einsargen. Aber ich hab vorhin geguckt: Der hat keinen Ehering mehr, wurde vielleicht geklaut oder so. Was soll ich der denn jetzt sagen?«

Wir alle haben keine Antwort darauf und schweigen.

Am Flughafen von Phuket hat die Deathcare-Mannschaft drei Zelte aufgebaut, unter denen sie ihre Arbeit erledigt. Mit Edding haben sie »Einfahrt« auf ein Holzbrett geschrieben und an der Zufahrtstraße aufgestellt. Ein komischer Versuch, deutsche Ordnung in all das Chaos zu bringen. Die thailändischen Fahrer verstehen das natürlich nicht und fahren regelmäßig an dem Schild vorbei, wenden am Ende der Straße mit so viel Schwung, dass die Holzsärge über die Ladefläche rutschen und kommen zurückgerauscht.

Als wir ankommen, wartet bereits ein deutsches TV-Team am Zelt der Bestatter. Till und ich steigen vom Wagen und der Kameramann raunzt mich an: »Sag Deinem Fotografen, er soll mir nicht durchs Bild laufen. Sonst müssen wir den Sarg hier noch dreimal abladen.« Müssen wir dann nicht, denn nach dem Spruch kann das

Fernsehteam seine Sachen packen und verschwinden. Die Kollegen sind nicht mehr erwünscht. Einerseits ärgert man sich in so einer Situation natürlich über solche Idioten, aber ehrlicherweise freut man sich auch, die Geschichte plötzlich wieder alleine zu haben.

Der Tag vergeht und als es dämmert, haben die deutschen Bestatter einen Flugzeug-Container mit Zinksärgen gefüllt. Die silbernen Container werden schnell verschlossen, weil die Passagiere nicht sehen sollen, was da in ihr Flugzeug eingeladen wird. Auf dem Rollfeld wartet bereits eine Maschine mit offenen Frachtluken, ein Ferienjet der LTU. Ich sitze auf einem Stuhl und trinke gerade eine Cola, als mir ein junger Mann auffällt, etwa so alt wie ich, 24, 25 vielleicht. Er steht etwas abseits, sein Gesicht ist braun gebrannt und trotzdem blass, seine Augen sind rot. Er trägt Shorts, Sandalen, ein fleckiges T-Shirt. Neben ihm steht eine kleine, ordentlich gekleidete ältere Frau und spricht in leisem Englisch mit einem der Deathcare-Leute. Der Bestatter nickt, die Frau lächelt dankbar, nimmt den jungen Mann in den Arm und führt ihn weg.

»Was ist los?«, frage ich den Bestatter. »Der arme Kerl hat seine Freundin verloren. Die Frau war vom amerikanischen Konsulat. Sie hat gefragt, ob wir das Mädchen für den Transport in die USA vorbereiten können. Sie soll heute Abend auf dieselbe Maschine wie er.«

Kurz darauf rollt ein Pick-up vor das Zelt und bringt den Sarg mit dem Mädchen. Auch der Junge ist wieder da, steht da und sieht zu, wie die deutschen Männer seine Freundin in eine Zinkkiste umbetten. In seinem Blick ist so viel Schmerz, so viel Verzweiflung, wie ich es noch nie zuvor gesehen habe. Immer wieder entfernt er sich ein paar Meter, kommt wieder, sieht auf den Sarg, geht wieder weg und kommt zurück, hin und her wie ein irre gewordenes Tier. Ich sehe ihn keine Träne weinen und es fällt mir schwer, so stark wie er zu bleiben. Man kann in so einem Moment nicht dasitzen und zu heulen anfangen. Man hat nicht das Recht, trauernde Menschen mit seinen eigenen Gefühlen zu belästigen. Und so brennen sich die Bilder ein. Man kann sie in dem Moment nicht verarbeiten und deswegen bleiben sie.

Als der Zinksarg versiegelt ist, hieven die Bestatter ihn wieder auf die Ladefläche. Der Junge klettert dazu, setzt sich auf den Rand des Pick-ups und legt seine Hand auf die Kiste. Während der Wagen vorsichtig Richtung Rollfeld fährt, vor einem rosaroten Himmel, streichelt der junge Mann über den Sarg. Er hat fünfzehn Stunden Flug vor sich mit seiner toten Freundin im Frachtraum. Wir alle sehen ihm nach. »Wir machen jetzt Feierabend«, sagen die Bestatter. Sie können nicht mehr. Es waren nicht zu viele Tote an diesem Tag. Es waren zu viele Lebende.

Mit den Bildern im Kopf ist es nicht so, wie man sich das vorstellt. Es bleiben nie die drastischen, wirklich grauenvollen Sachen hängen. Selbst wenn ich es versuche, habe ich Schwierigkeiten, mich an den Anblick der Toten zu erinnern. Ich habe nie davon geträumt, und ich habe auch kein Problem damit, mir Fotos davon anzusehen. Es gibt da irgendwo im Kopf einen Filter und nach ein paar Wochen sind die schlimmsten Bilder verschwunden, wie ausgelöscht auf einer dieser Zaubertafeln, auf denen man als Kind malt. Man wacht nicht nachts auf, schweißgebadet, und hat die Toten vor Augen. Die Toten sind überall auf der Welt gleich, sie haben es hinter sich. Was im Kopf bleibt, sind Menschen wie dieser junge Mann. Als ich sah, wie er auf dem Pick-up zum Rollfeld fuhr, dachte ich darüber nach, wie er mit seiner Freundin die Reise gebucht hat, wie sie ihre Sachen auf dem Bett ausbreiten und in den Koffer packen, Pässe, Mückenspray, Badehosen, alles, was jetzt verteilt an den Stränden liegt. Wie sie abends in Bangkok landen und mit einem der Kleinbusse, in denen wir jetzt sitzen, zum Hotel nach Khao Lak fahren. Wie sie den Ventilator in ihrem Zimmer anstellen und sich aufs Bett fallen lassen. Wie sie aufwachen, das Meer hören, zum Frühstück gehen und dann runter an den Strand. Wie sie das erste Mal ins aufspritzende, warme Wasser laufen. Die Toten erzählen einem nichts, aber wenn man die Lebenden sieht, die Hinterbliebenen und ihren Schmerz, dann breitet sich die ganze Geschichte vor einem aus und sie wird einen nicht mehr loslassen. Tote verschwinden mit der Zeit, aber die Tränen der Überlebenden bleiben in meinem Kopf zurück.

Abends fahren Till und ich ins Marriott von Phuket, weil es dort bessere Internet-Verbindungen gibt als in unserem Hotel und eine bessere Bar, Ablenkung. In unserem Hotel haben sich Gerichtsmediziner aus China und Korea eingemietet, abends sitzen sie in der Lobby und der Geruch ihres Tagwerks ist nicht gerade das, was wir uns zum Abendessen wünschen.

Auf dem Weg ins Marriott lässt unser Fahrer einen Bildschirm aus der Decke des Busses herab und legt einen Film für uns in den DVD-Player: »The Day After Tomorrow«. Ein Blockbuster, in dem Manhattan von einem Tsunami zerstört wird. Die wirbelnden Taxis, die ertrinkenden Menschen, berstende Scheiben – das alles wirkt so unwirklich. Wir sehen nicht hin und nicht weg, es ist uns einfach egal.

Wundersamerweise ist das Marriott von der Welle kaum beschädigt worden, obwohl es direkt am Meer liegt. Der Tsunami ist bis hoch auf die Pool-Terrasse gerollt und wieder zurückgewichen. Einige Touristen sind leicht verletzt worden. Während die meisten Hotels zerstört sind, freut sich das Marriott über Journalisten aus aller Welt, die die absurden Zimmerpreise vor ihren Chefs damit rechtfertigen können, dass es eben kaum noch andere Hotels gibt.

In der Lobby-Bar, von der man über den Pool aufs Meer sehen kann, lagern Reporter mit Laptops und Satellitenschüsseln, lassen sich Drinks servieren, zeigen sich gegenseitig die Bilder, die sie am Tag gemacht haben, und reden darüber, wer das größere Zimmer bekommen hat. Über den Pool hinweg sehen wir Militärhubschrauber, die entlang der Küste in die zerstörten Orte fliegen. Während Till und ich unsere Fotos und Texte nach Deutschland senden, kommt ein Fernsehkollege in die Lobby gelaufen. Er telefoniert und schreit in sein Handy: »Ich verstehe einfach nicht, warum Ihr mir die 15 000 Dollar schon wieder in Hundertern mitgegeben habt. Kein Mensch nimmt hier Hunderter. Das kann hier doch niemand wechseln. Ich hab schon letztes Mal gesagt, dass ich nicht immer Hunderter will. Damit kann ich hier einfach nix anfangen. Ich versteh das einfach nicht. Jetzt steh ich hier mit lauter Hundert-Dollar-Scheinen – und was soll ich jetzt damit machen?«

Idiot, ist das Erste, was ich denke. Heute bin ich mit ihm sehr gut befreundet. Auf die Menschen, die von einer solchen Katastrophe betroffen sind, sollte man demütig und leise zugehen, denn sie gewähren einem Zutritt zum schlimmsten Zimmer ihres Lebens. Man sollte nie vergessen, dass ihr Leid journalistisch eine gute Geschichte ist und noch mehr Leid häufig eine noch bessere Geschichte. Wenn man ihre Geschichte erzählen will, sollte man sich aufrichtig für sie interessieren. Aber wenn die Arbeit abends oder wann auch immer getan ist, schadet es nicht, die Betroffenheit abzulegen, so gut es geht und zu leben und zu vergessen, was draußen, vor dem Hotel los ist. Sonst dreht man ziemlich schnell durch und kein Mensch wird wieder lebendig, weil man sich das Lachen verkneift.

Im Marriott treffen wir auch einen Kollegen, der in dem Hotel schon einmal Urlaub gemacht hat. Wir sind alle hungrig und er schlägt vor, runter zum Strand zu gehen. »Da gibt es einen kleinen

Stand und die Frau da macht das beste Curry«, sagt er. »Zehnmal besser als hier im Hotel. Linda heißt die, glaube ich.« Wir nehmen uns eine Taschenlampe und gehen einen Pfad Richtung Strand entlang. Irgendwann spüren wir sandigen Boden unter unseren Füßen, und das Rauschen des Meeres ist nun nah, aber es ist so dunkel, dass wir kaum etwas sehen. Nur das, was der Kegel unserer Taschenlampe erfasst.

Auch hier ist der Strand voller Treibgut, Äste, Stöcke, Reste. »Hier irgendwo muss es sein«, sagt unser Kollege. Wir gehen auf und ab, aber wir finden nichts. Wir machen ein paar Scherze, Linda sei vielleicht im Urlaub oder habe für einen deutschen Touristen so gut gekocht, dass er sie mitgenommen habe. Nach einer viertel Stunde sagt unser Kollege: »Hier war es.« Wir stehen vor einem Holzskelett, in dem man mit viel Fantasie den Rest einer kleinen Hütte erkennen kann. »Hier gab's das Curry.«

Der Tsunami hat das winzige Strandlokal einfach weggespült und mit ihm wahrscheinlich auch Linda. Wir gehen zurück zum Hotel und ich ärgere mich über die Scherze, die wir eben noch gemacht haben. An der Rezeption frage ich nach Linda und ihrem Curryrestaurant, aber die Frau zuckt nur mit den Schultern. »Probably dead«, sagt sie, wahrscheinlich tot.

Wir essen dann in der Lobbybar, auf einem schwarzen Steinway spielt ein thailändischer Pianist in einem grünen Seidenanzug »Bridge over troubled water«. Als wir ihn fragen, ob er auch ein Lied ohne Wasser könne, lächelt er, sagt »Yes, Sir« und spielt »I am Sailing«.

»You want good lady?«, fragt uns unser Fahrer, als wir wenig später zu unserem Hotel aufbrechen. »I know good lady«, sagt er wie jeden Abend, und dann: »Very cheap now.« Viele Sex-Touristen liegen tot in Tempeln und gekühlten Krankenhauskellern, die Preise sind gefallen, das Geschäft geht weiter.

Es kommt Silvester und ich hoffe, dass diese Nacht irgendetwas ändern wird. Das neue Jahr beginnt für uns sechs Stunden früher als in Deutschland. Till und ich sitzen auf der Dachterrasse unseres Hotels, zusammen mit einem älteren deutschen Ehepaar. Die beiden haben sich eine Flasche Rotwein mitgebracht, sie laden uns auf ein Glas ein. Der Wein korkt. Die letzte halbe Stunde bis es endlich Mitternacht ist, starren wir alle auf die dunkle Stadt und auf unsere Uhren, als müssten wir nur Geduld haben, damit dieser Albtraum zu Ende ginge, noch zwanzig Minuten, noch fünfzehn, noch zehn. Der Mann, ein Ingenieur, erzählt uns, dass er das erste Mal in seinem Leben fünf Wochen Urlaub machen wollte. Die Welle ist durch ihren Strandbungalow getobt und hat die beiden doch fast unversehrt gelassen, nur ein paar Schürfwunden haben sie an den Beinen.

Alle Feuerwerke für diese Nacht sind abgesagt worden, stattdessen soll um null Uhr eine Glocke läuten. Hier und da platzen ein paar Raketen vor dem schwarzen Himmel, ansonsten schweigt die Stadt.

Als wir um Mitternacht den Klang der Glocke hören, hebt der deutsche Ingenieur sein Glas und sagte: »Darauf, dass wir noch leben.« Seine Frau weint, wir stoßen an und trinken still. Ich telefoniere kurz mit meinen Eltern. »Frohes neues Jahr.« »Frohes neues Jahr.« »Wie lange müsst Ihr noch da unten bleiben?« »Bis wir fertig sind.« »Meinst Du, das ist noch lange?« »Sicher noch ein paar Tage.« »Und geht's Euch gut?« »Ja.« »Wir denken immerzu an Euch.« »Das ist gut.«

Als wir aufgelegt haben, fange ich an zu heulen.

Viele Zeitungen und Fernsehsender haben zwischen Weihnachten und Neujahr nicht ausreichend Leute mobilisieren können, aber nun, im neuen Jahr, fallen riesige Teams mit Übertragungs-

wagen in den Küstenorten ein. Die Nachrichtenagenturen haben
alle ihre Fotografen Richtung Südostasien geschickt, die Zeitungen
zusätzliche Reporter entsandt, die Fahrer nehmen plötzlich den
doppelten Preis. Sobald CNN und BBC in voller Stärke anreisen,
sollte man genügend Dollar dabeihaben. Denn die Networks kaufen erst einmal alles auf, was sie an logistischer Unterstützung bekommen können.

In den Tempeln stehen nun kleine Tretleitern zwischen den Körpern. Aufgestellt von Fotografen, die sich so einen besseren Überblick verschaffen wollen. Die Nachrichtenlage ist jeden Tag dieselbe: noch mehr Tote. Als Till und ich an einem der ersten Tage
des neuen Jahres durch Khao Lak gehen, sieht der Ort aus wie die
Kulisse eines Hollywood-Films. Landeinwärts, kurz vor dem Wald,
liegt das angespülte Militärschiff, das – hunderttausendfach fotografiert – zu einer Art Denkmal des Tsunamis werden soll. Überall
sind Kabel ausgerollt, Scheinwerfer erleuchten den Ort bis tief in
die Nacht, in den Tempeln wird Essen verteilt und eine Militärein-
heit desinfiziert die Schuhe aller Reporter, bevor sie die Tempel verlassen, damit sie keine Seuchenerreger in ihre Hotels tragen. Es ist
plötzlich alles sehr professionell, sehr glatt, sehr gut organisiert. Die
Stimmung unter den Journalisten ist friedlich, es gibt genügend
Tote für alle, aus allen Ländern. Tote Schweden für die schwedi-
schen Reporter, Australier für die australischen Kollegen, Deutsche
für uns.

Für Till und mich ist es ein merkwürdiges Gefühl. Ich habe nichts
gegen diesen sogenannten Medienzirkus. Im Gegenteil, die Bilder
des Grauens bringen Hunderte von Millionen Dollar an Spenden in
die Region, die Medien schüren eine nie da gewesene Hilfsbereit-
schaft rund um die Welt. Aber irgendwie ist es nun nicht mehr unsere Geschichte. In den ersten Tagen waren wir fast allein an den

Stränden. Das waren rohe, unverfälschte Eindrücke. Wir haben gesehen, was vor uns kaum einer gesehen hat, und wir haben darüber berichtet. Wir haben unsere Eindrücke in die Redaktion geschickt, und zwei Tage lang haben Millionen Menschen diese Katastrophe durch unsere Augen gesehen. Nun aber beginnt die Zweitverwertung. Englische Zeitungen schreiben, dass Menschenhändler die chaotischen Zustände nutzen, um Kinder zu entführen und an Bordelle zu verkaufen. Wir sollen das überprüfen, finden aber nie einen Beleg dafür. Wir berichten nicht mehr, was wir sehen. Wir überprüfen, was andere berichten. Die Anarchie, die wir anfangs vorgefunden haben, ist der CNN-Realität gewichen. Der Sender zeigt ein Kind, das weinend am Strand sitzt? Der Strand muss voller weinender Kinder sein! Findet ein weinendes Kind am Strand! Wenn die CNN-Realität stärker wird als das, was man selber sieht, ist ein sicheres Zeichen dafür, dass man die Sachen packen kann.

Der zweite sichere Abreiseindikator sind Tiergeschichten. Sobald Tiere es an prominenter Stelle in die Medien schaffen, als Seitenaufmacher oder weit vorne in den Abendnachrichten, nähert sich das Medienereignis seinem Ende, schon bald wird das Heer der Reporter weiterziehen und die Geschichte wird unbeobachtet fortschreiten – bis zum ersten Jahrestag. Nach den Tiergeschichten folgt nur noch das dritte und finale Stadium und das sind Geschichten von Journalisten über andere Journalisten.

Also, die Tiere. In Thailand sind es Elefanten. Es beginnt mit einer Geschichte über eine Elefantenfarm, die nah am Meer liegt. Die Elefanten, die normalerweise Touristen durch die Urwälder tragen, so heißt es, seien am Morgen dieses 26. Dezember plötzlich unruhig geworden, hätten das Tor ihres Geheges durchbrochen und seien in die Berge des Hinterlandes geflüchtet. Die Besitzer der Elefantenfarm, eine Familie mit vielen Kindern, habe die Zeichen richtig

gedeutet und sei den Elefanten gefolgt. Nur so hätten sie alle überlebt, denn wenig später sei die Welle auch über die Farm gerollt.

Kurz nachdem diese Geschichte zu kursieren beginnt, erfahren
wir – wie immer erfahren es alle Journalisten gleichzeitig –, dass die
braven Tiere nun dazu eingesetzt werden, Tote aus besonders unzugänglichen Gegenden zu bergen und auf ihren Stoßzähnen in die
Tempel zu tragen. Ein ansehnlicher Trupp von Reportern befolgt
den Rat eines Einheimischen, einfach der Spur des nicht zu über-
sehenden Elefantendungs in die Wälder zu folgen. Es dauert ein
Weilchen, dann kommen die ersten zurück aus dem Wald. Die
meisten haben die Elefanten nicht entdecken können, fluchen aber
in verschiedenen Sprachen über die Elefantenscheiße an ihren
Schuhen.

Als rund vier Monate später Papst Johannes Paul II. stirbt und es
uns allen aufgrund der berüchtigten vatikanischen Verschwiegen-
heit schon nach wenigen Tagen schwer fällt, noch etwas Neues zu
berichten, hält sich übrigens hartnäckig das Gerücht, der Papst
habe einen geheimen Hund, der nun traurig in Herrchens Ferien-
ort Castel Gandolfo sitze. Der Standardsatz, den man abends von
Kollegen in den Hotelbars hört, heißt: »Vielleicht fahren wir morgen mal raus nach Castel Candolfo und gucken, was mit diesem
Hund ist.« Gemacht hat es, glaube ich, niemand.

Ein paar Tage bleiben wir noch, fahren immer wieder hoch nach
Khao Lak. Für mich fühlt es sich an, als wären wir schon seit Monaten hier, eintönig, kaputt, deprimierende Zerstörung, erschüttern-
des Leid. Im Angesicht einer solchen Katastrophe hofft man instinktiv auf ein Wunder, auf eine Mutter vielleicht, die irgendwo ihr
vermisstes Kind wiederfindet. Ein Paar, das im Wasser auseinander
gerissen wurde und sich plötzlich, nach tagelanger Suche, gegenü-
bersteht. Aber es geschehen keine Wunder.

Als ein deutscher Fernsehsender anruft, um eine Geschichte über uns zu machen, beschließen Till und ich abzureisen. Im Hotel packen wir unsere Sachen zusammen, als wären wir auf der Flucht. Unser Fahrer, der uns tagelang begleitet und sich so wahrscheinlich einen Jahreslohn verdient hat, bringt uns zum Flughafen. Wir bezahlen ihn ein letztes Mal und gehen zum Terminal. Als wir uns noch einmal umdrehen, sieht er uns traurig nach, winkt und sagt: »See you next Tsunami.«

Am Flughafen von Bangkok müssen wir lange auf unseren Anschluss warten. Wir kaufen den neuen »Spiegel«, wir setzen uns draußen vorm Terminal auf den Kantstein in die schwüle Abendluft, rauchen und lesen. Wir lesen all das, was wir selber gesehen haben und können es nicht glauben. Auf dem Nachtflug nach Deutschland fühle ich mich, als würde ich durch einen dunklen Tunnel kriechen.

In meinen Notizbüchern aus diesen Tagen stehen die Namen vieler Vermisster. Immer wieder haben uns Leute angesprochen, auf der Suche nach ihren Verwandten, magisch angezogen von Tills Canon-Kamera. Sie haben mir die Namen der Menschen diktiert, nach denen sie suchten, und immer noch ein paar Details. Leberfleck auf dem Rücken, Brilli im linken Ohr, zwei zusammengewachsene Zehen, trägt eine schwarze Uhr mit Goldrand, hat eine große Lücke, wo gerade die Milchzähne ausgefallen waren. Irgendwie versuchen Menschen wohl immer, ihre Chancen zu erhöhen, wie aussichtslos die Lage auch ist. Weil es unser Job ist zu suchen, wenn auch nur nach Geschichten, wirkten wir wahrscheinlich professioneller, erfahrener. Wir wirkten wohl wie zwei, die etwas herausfinden konnten, etwas Gutes. Ich schrieb mir die Namen immer auf, obwohl ich wusste, dass es kaum einen Sinn hatte. Keinen einzigen der Vermissten habe ich später auf einer der Verletztenlisten

entdeckt. Abends lag ich manchmal noch lange wach und überlegte, wie es wäre, wenn ich am nächsten Tag jemanden anrufen
könnte mit guten Nachrichten, aber das passierte natürlich nicht.
Ich notierte die Namen, versprach mich umzusehen. Manchmal
traf ich Menschen wieder, sah sie an, machte eine hilflose Geste.
Einen Namen anvertraut zu bekommen, ist eine Last. Ständig sorgte
ich mich, achtlos an der entscheidenden Liste vorbeizugehen. Gebe
ich all die Namen aus meinen Notizbüchern heute bei Google ein,
gleichen sich die Einträge. Name, Alter, manchmal ein Foto und
dann der Satz: »Gestorben am 26. Dezember 2004 in Thailand.«

Zurück von den verwüsteten Stränden Thailands, zu Hause,
erscheint mir alles in zerbrechlicher Schönheit, wie Neuschnee, in
den man keinen Fußstapfen setzen will. Ich gehe nachmittags um
die schwarze Alster und sehe die letzten geschmückten Weihnachts-
bäume hinter erleuchteten Fenstern. Ich sehe Eltern, die mit ihren
Kindern durch den frühen Abend stapfen, eingehüllt in die Wolken
ihres Atems. Nach der schwülen Hitze in Thailand bekomme ich
nicht genug von der Kälte des deutschen Winters. Nach dem Gestank, den ich zwei Wochen lang nicht loswerden konnte, atme ich
hier gierig in der klaren Luft. Manchmal fällt es mir draußen sogar
schwer zu sprechen, einen Satz zu formulieren, weil sich all meine
Gedanken auf diese wunderbare Klarheit konzentrieren. Auf meinen langen Spaziergängen versuche ich Leben einzusaugen. Baum-
kronen, die sich im Wind bewegen, watschelnde Enten, wehende
Blätter, das Lachen und Reden, das aus Restaurants dringt, die Menschen, die sich hinter hellen Schaufenstern durch volle Geschäfte
schieben, ein frierender Straßenmusiker, die Schlittschuhläufer
auf der Eisbahn, rot leuchtende Nebel über den Rücklichtern der
Autos.

Ich muss mich erst wieder daran gewöhnen zurück zu sein. Wann immer ich etwas Schönes sehe, möchte ich den Moment einfrieren, damit es nicht vergeht, kaputtgeht. Ständig spüre ich eine seltsame Verlustangst. Ich will kein Porzellan anfassen, weil ich fürchte, es könnte mir runterfallen und zerbrechen. Morgens unter der Dusche fasse ich mir zehn Mal hintereinander ans Handgelenk, um zu prüfen, ob ich auch wirklich meine Uhr abgelegt habe, die nicht wasserdicht ist. Wenn ich im Auto fahre, verfolgt mich der Gedanke, ich könnte mir bei einem Unfall den Rücken verletzen. Mit Ängsten ist es wie mit Lebensmittelvergiftungen. Man ahnt, woher sie stammen. Aber man kann nicht viel dagegen tun, nur warten, bis der Körper sie wieder rausspült.

Ich warte und irgendwann spüre ich wieder, dass ein neues Jahr begonnen hat.

2
Tschad/Darfur:
Der vergessene Völkermord

Nach Thailand schwor ich mir, nie wieder zu denken: »Wo ist denn jetzt das brutale, große, echte Leid?« Ich wollte schon immer da sein, wo Menschen Leid ertragen müssen. Warum? Die gute Antwort lautet: Um darüber zu berichten, um etwas zu ändern, zu bewegen, einen Unterschied zu machen. Die nicht so gute Antwort ist, dass ich dachte, es wäre irgendwie cool. Cool, an Orten zu sein, an die sonst kein Mensch fahren würde. Man will wissen, wie viel Leid man ertragen kann. Es ist, als würde man die Hand über eine Flamme halten. Nach Thailand merkte ich, dass Leid etwas Kleines ist, eine Pupille, die sich für einen Augenblick zusammenzieht. Man muss sehr nah dran sein, um es zu sehen. Man verpasst es, wenn man gerade Ausschau nach der noch größeren Tragödie hält. Und wenn man es verpasst, als Reporter, hat man die Zeit der Menschen verschwendet.

30. August 2004, ein halbes Jahr vor dem Tsunami. Zentralafrika, östlicher Tschad, Frachana. Till und ich sitzen auf einem Hügel, der spärlich mit hartem Gras bewachsen ist. Auf dem Hügel weiden Ziegen und Esel. Wir blicken über ein Flüchtlingslager. Tausende sandfarbene Zelte, von Zäunen aus Ästen und Bastmatten umstanden. Trockene, unwirtliche braune Erde. Der Rauch von Lagerfeuern, der Gestank von zu vielen Menschen, zu vielen Tieren und offenen Latrinen. Es ist windstill, kein Staub in der Luft, ein klarer Tag. Wir können unendlich weit sehen. Fünfzig Kilometer weiter im Osten liegt die Grenze zum Sudan, zu Darfur. Eine Stunde mit dem Auto entfernt wütet der schlimmste Völkermord seit Ruanda. Arabische Milizen auf Pferden und Kamelen überfallen die Dörfer schwarzafrikanischer Bauern, brennen ihre Hütten nieder. Die Männer vergewaltigen, morden, vernichten, zerstören. Die sudanesische Regierung in Khartum unterstützt die Milizen, die Janjaweed, mit Flugzeugen und Kampfhubschraubern. Wieder mal interessiert sich

niemand dafür. Wieder einmal meidet die UN das Wort »Völkermord«, weil es sie zum sofortigen Einschreiten zwänge. Ein paar Hunderttausend Menschen sind wegen ihrer Hautfarbe, ihrer Stammeszugehörigkeit niedergemetzelt worden, aber es muss etwas anderes sein als Völkermord, weil Völkermord zu viel diplomatischen Ärger verursachte.

20 000 Flüchtlinge lagern hier. Sie haben ihre fruchtbaren Plantagen – Nüsse, Sorgum, Mangos – und ihr Vieh in Darfur zurückgelassen und sind zu Fuß an diesen Ort geflüchtet. Über eine gefährliche Grenze in das viertärmste Land der Welt, jedes fünfte Kind im Tschad stirbt vor seinem fünften Geburtstag. Die Lebenserwartung liegt bei 47 Jahren. Nur zwei Prozent der gesamten Landfläche sind Ackerboden, der Rest ist öde Weite. Das Nationalgericht ist ein Hühnchen, so mager, dass man es im Ganzen in wenigen Minuten grillen kann.

Die Flüchtlinge haben nichts mehr. Wer ein paar Töpfe mitgeschleppt hat, ist wohlhabend. Wer noch einen Esel besitzt, ist reich. Wer ein Pferd hat, würde bald noch ärmer als ohnehin schon sein, weil ein Pferd teures Futter braucht. Die Zelte, die UNHCR (die Flüchtlingshilfe der UN) errichtet hat, reichen nicht mehr aus, so schnell schwillt das Lager an. An seinen Rändern errichten Neuankömmlinge provisorische Zelte. Zwei krumme Äste, darüber eine Plane, die weder Sonne noch Regen noch Wind abhält, das ist alles. Die Behausungen sind so armselig, dass ich ein paar Tage brauche um zu begreifen, dass sich diese Menschen nicht für Tage und Wochen einrichten, sondern für Jahre.

Till und ich sind hierher gekommen, um einen Jungen zu finden. Ein kleines schwarzes Kind unter 20 000 Menschen. Ein Fotograf hat den Jungen ein paar Wochen zuvor fotografiert, wie er schreiend, schmerzverzerrt, mit Fliegen im Gesicht vor einem Zelt saß.

Um seinen Mund herum klebte getrockneter Speichel. Das Bild ist um die Welt gegangen. Zeitungen hatten es an einem nachrichtenarmen Tag auf ihren Titelseiten gedruckt. Wir sollen diesen Jungen finden und seine Geschichte erzählen. Wir wissen nicht, wie er heißt. Nur, dass er ein blau-weißes Hemd trug und sonst nichts. Wir haben ein Foto von ihm dabei.

»Es ist nicht so schlimm, wie ich es mir vorgestellt habe«, sage ich auf dem Hügel sitzend.

»Es ist schon ziemlich schlimm«, sagt Till.

»Komm, wir suchen den Jungen«, sage ich.

Wenn man zum ersten Mal in ein Flüchtlingslager in Afrika fährt, erwartet man Kinder mit aufgeblähten Bäuchen, abgemagerte, gepeinigte Menschen, das große Elend, so wie man es aus dem Fernsehen kennt, aus der CNN-Realität. Natürlich ist es dann meist anders. Denn das Elend beginnt schon viel früher, ohne Hungerbäuche und ohne Fernsehkameras.

Wir gehen den Hügel hinab auf die Zelte zu, und bald sind wir umringt von einer Traube barfüßiger fröhlicher Kinder, die an uns herumzupfen. Als Till sie mit einem lauten »Buh!« erschreckt, stieben sie lachend auseinander, um sich vorsichtig wieder zu nähern. Gar nicht so schlimm hier, denke ich. Erst später erfahre ich, dass die Kinder uns für Ärzte gehalten haben oder für Leute vom »World Food Programme«, für Menschen, die ihnen helfen können. Noch später werde ich erfahren, dass wir ihnen mit unseren Mitteln nicht helfen konnten. Wir würden über ihr Schicksal berichten, aber heute, vier Jahre später, hat sich nichts an ihrer Situation geändert. Sie sitzen noch immer da in dieser elendigen Wüste.

Mit dem Foto des Jungen gehen wir zum Zelt der Hilfsorganisation »Ärzte ohne Grenzen«. Ihre Leute gehen furchtlos überall hin,

ohne große Worte darüber zu verlieren, an Orte, an denen kein
Gesetz, kein Blauhelm ihnen Schutz gewährt. Im Gegenteil, sie
halten sich bewusst fern von jeder Armee, jeder Miliz, weil sie mit
Militär nichts zu tun haben wollen. Sie können nächtelang darüber diskutieren, ob es besser ist, dringend benötigtes Material
mit einem Militärjet einfliegen zu lassen und so vielleicht Leben
zu retten. Oder ob sie lieber auf ihr Material verzichten und ihrem Grundsatz treu bleiben sollen, sich niemals mit Soldaten ein-
zulassen. Die »Ärzte ohne Grenzen« sind wunderbare Idealisten,
die meist aussehen, als wären sie früher während der Ferien mit
dem Interrail-Ticket durch Europa gefahren und nach der Schule
mit dem Rucksack durch Asien. Sie sind hilfsbereit, freundlich
und misstrauisch gegen alle Leute, die zu viele Worte machen.
Mein Großvater, der Arzt war, sagte immer, es gebe viele gute Me-
diziner, aber nur wenige gute Ärzte. Diese Leute sind wirklich verdammt gute Ärzte.

In ihrem Zelt untersucht eine Schweizer Krankenschwester gerade einen kleinen unterernährten Jungen, der vielleicht ein knap-
pes Jahr alt ist. Die Schwester, Chantal, legt den Jungen auf den
Rücken, um ihn zu messen. Er ist 69,5 Zentimeter groß und schreit
schrill und verzweifelt. Er hat Blähungen und Durchfall. Ich sehe,
dass er keine Tränen in den tief liegenden Augen hat.

»Seine Mutter kann ihn seit der Flucht aus Darfur nicht mehr
stillen«, sagt Chantal. »Durch das Trauma ist ihre Milch versiegt.
Das haben wir ziemlich häufig. Das Wasser hier ist dreckig und voller Keime. Die Kinder kriegen Durchfall davon und trocknen langsam aus. Deswegen haben sie keine Tränenflüssigkeit.« Die Mütter
haben keine Milch mehr, die Kinder keine Tränen. So sieht das Leid
hier aus. Nicht spektakulär, nicht apokalyptisch, sondern ganz einfach, ganz echt.

Den Jungen auf unserem Foto erkennt die Krankenschwester nicht. »Das könnte so ziemlich jeder Junge in dem Alter hier sein«, sagt sie, was meine Hoffnung, ihn zu finden, schwinden lässt. Ich sehe mir das Bild noch einmal an und erst jetzt fällt mir auf, dass auch er keine Tränen weint.

Vom Krankenzelt aus gehen wir weiter zur Schule. Die Schule ist eine Schiefertafel, die auf freier Fläche steht. Davor sitzen kleine plappernde Kinder, die alle so aussehen, dass Angelina Jolie sie auf der Stelle wegadoptieren würde, und lernen lesen. Der Lehrer ist ein Mann in den Dreißigern mit einem grauen Bart und strahlend weißen Zähnen. Er war schon im Sudan Lehrer und als er uns sieht, unterbricht er den Unterricht. Während ich mich mit ihm unterhalte, tigern die Kinder um Till herum und bestaunen seine Kamera. Ich überreiche dem Lehrer zwei Fußbälle, die wir mitgebracht haben. Er verspricht uns, bei der Suche zu helfen, aber erst einmal müsse ein Spiel steigen. Die meisten Kinder im Lager Frachana haben seit ihrer Flucht keinen Ball mehr gesehen. Ältere Jungs kommen hinzu gelaufen, greifen nach dem Ball, den der Lehrer mit beiden Armen umklammern muss. Sie greifen nach einem Stück unbeschwertem Leben.

Wenig später geht es los. Sechzig, siebzig Kinder, die auf einer staubigen, steinigen Fläche um das schwarz-weiße Leder kämpfen. Keiner der Jungs passt, wenn er am Ball ist. Mit dem Ball am Fuß, glaube ich, ist das Leben so heil wie auf jedem anderen Spielfeld dieser Welt. Till und ich stehen da, in der Mitte Afrikas, und sehen schweigend zu. Anstelle unserer Thunfischdosen, Corned-Beef-Büchsen, der getrockneten Salami hätten wir noch zwei Bälle mitbringen können, denke ich, und eine Luftpumpe. Egal, was man in Afrika tut – es ist immer zu wenig. Und mehr zu tun, wäre immer so einfach gewesen. Ich kenne viele Leute, die sich für Afrika engagieren. Spender, Forscher, Wohltäter, Ärzte, Entwicklungshelfer, Millionäre. Sie alle haben eines gemeinsam: eine Schwermütigkeit, immer verfolgt von dem Gefühl, noch nicht genug getan zu haben. Darum, glaube ich, lässt dieser Kontinent die Menschen nie wieder los.

Der Junge heißt Abdelsalam, Diener des Friedens, und ist ein Jahr alt. Wir finden ihn und seine Mutter Khamisa am Nachmittag vor dem Zelt von »Ärzte ohne Grenzen«. Er trägt dasselbe Hemdchen wie auf dem Foto. Es ist sein einziges Hemd. Sein Gesicht wirkt verkniffen, wie aus Holz. Kein Babygesicht, sondern ein altes, hartes Gesicht. Unser Dolmetscher Ali versucht der Frau zu erklären, warum wir hier sind. Aber sie versteht es nicht. Sie ist den Anblick von Fotos nicht gewöhnt, sie erkennt ihren Sohn auf dem Bild nicht einmal. Sie versteht nicht, warum jemand aus Deutschland an diesen Ort kommen sollte, um ausgerechnet über ihren Sohn zu schreiben. Auf alles, was ich sage und frage, antwortete sie nur mit »Ja«, und so folgen wir ihr zu ihrem Zelt.

»Wir haben ihn«, denke ich in diesem Moment. »Wir haben es geschafft.« Man kann sich selbst noch so oft versichern, dass man unterwegs ist, um auf ein wichtiges Thema hinzuweisen, für eine richtige Sache. All das stimmt auch. Aber der erste Gedanke ist immer: »Wir haben ihn.«

Es ist sicher nicht originell, von der Gastfreundschaft zu erzählen, mit der man in den ärmsten Ecken der Erde stets empfangen wird. Aber sie ist immer wieder so überwältigend wie beschämend, und deswegen denke ich, dass es richtig ist, sie zu beschreiben. Abdelsalams Vater Khamis lädt uns ein, Tee mit ihnen zu trinken. Wir setzen uns in den Sand vor dem Zelt der Familie. Abdelsalams Mutter stellt einen schwarz angelaufenen Kupfertopf auf eine Feuerstelle, um Wasser zu erhitzen. Ein Nachbar bringt kleine arabische

Teegläser herbei, der Vater Khamis öffnet ein Päckchen braunen Zucker, ein Luxusgut im Lager.

Ein Kilo kostet einen Dollar.

Kaum ist der Tee fertig, stellt Khamisa die Tagesration Porridge vom World Food Programme auf das Feuer, auch davon sollen wir essen. Wir ahnen, dass die Familie – Abdelsalam hat noch zwei ältere Geschwister – abends wohl hungrig auf den Bastmatten im Zelt einschlafen wird. Hungrig und um einige Gramm des wertvollen Zuckers ärmer. Trotzdem ist es unmöglich, ihre Gastfreundschaft auszuschlagen. Etwas zu teilen, ein guter Gastgeber zu sein und die Bräuche der Heimat zu bewahren, ist auch immer ein Ringen um Stolz und Würde. Einige Tage später sehen wir einen Mann, der eine Plane zwischen zwei Bäumen gespannt hat. Darunter liegt ein Teppich, das ist sein neues Zuhause. Auf dem Teppich sitzt er in einem schmutzigen T-Shirt und bügelt ein frisch gewaschenes, ornamentverziertes Gewand mit einem Kohlebügeleisen. Wir sprechen mit ihm. Er sagt, er sei reich und angesehen, weil er in Darfur viele Kühe habe, und ein reicher Mann könne es sich nicht erlauben, in einem schmutzigen T-Shirt herumzulaufen. Er brauche sein faltenloses Gewand.

So ist es auch mit Tee und Porridge vor dem Zelt. Die Familie wahrt die Formen ihrer verlorenen Welt. Sie hoffen, dass es ihre Situation besser machen wird eines Tages. Sie wollen ein friedliches, kultiviertes Bild abgegeben für uns. Und wir sitzen da, trinken ihren Tee, essen ihr rationiertes Essen, sorgen uns, dass das Wasser vielleicht voller Keime ist und unseren europäischen Magen durcheinanderwirbeln könnte; wir sitzen da mit einem Rückflugticket, eingesprüht mit einem Anti-Moskito-Spray, das soviel kostet wie 15 Kilo Zucker, einem Jeep und 10 000 Dollar in einem Geldgürtel und wissen, dass wir nicht viel tun können. Berichten, ja. Einen

Moment der Aufmerksamkeit schaffen, vielleicht. Ihre Welt verändern – eher nicht.

Der Vater sitzt im Schneidersitz, Abdelsalam auf seinem Schoß, und mit seinen harten Fingernägeln kratzt er die weichen Nägel seines Sohnes kurz. An einem spröden schwarzen Lederband trägt der Junge wie fast alle Kinder ein Holzamulett um den Hals. Es solle ihn vor dem Teufel beschützen, sagt sein Vater, und vor den Menschen.

Sein Sohn könne nicht mehr richtig hören, seit Maschinengewehrsalven direkt neben seinem Ohr explodiert seien, sagte Khamis. Ali, unser Dolmetscher, übersetzt den arabischen Dialekt ins Englische. Ich kann sehen, dass die Menschen ihn als gebildeten Mann schätzen. Er ist schmächtig, hat vorstehende Zähne und sieht linkisch aus. Aber die Menschen im Lager haben großen Respekt vor seinem Können, ihre Worte in eine fremde Sprache zu verwandeln. Es ist, als würde ihre Stimme durch Ali lauter.

Die Janjaweed waren früh am Morgen in ihr Dorf gekommen. Ihr Dorf, Kokari, lag in der Nähe eines grünen Tals, in dem es Wasser gab. »Wir hatten drei Hütten, sechzig Kühe, vier Esel und zwei Pferde«, erzählt Khamis. »In unseren Hütten hatten wir Möbel, Teppiche, Decken und genug zu essen. 2000 Menschen lebten in unserem Dorf.«

Der Angriff an jenem Morgen erfolgte nach demselben Muster wie Hunderte Angriffe zuvor und Tausende danach. Das erste, was die Menschen in Kokari hörten, waren die Motoren der sudanesischen Luftwaffe. Schwere Maschinen russischer Bauart, Flugzeuge und Hubschrauber. Sie warfen Bomben auf Kokari, die Hubschrauber schnitten mit Garben aus ihren Bordkanonen durch die Lehmhütten. »Dann«, erzählte Khamis, »kamen die Janjaweed auf Pferden und Kamelen. Sie kamen sehr langsam auf unser Dorf zugeritten.

Sie ließen sich Zeit, weil sie wussten, dass wir ihnen nicht entkommen konnten. Sie kamen von mehreren Seiten.«

Sie erschossen seinen Vater und ungefähr sechzig weitere Männer. Sie trieben die Bewohner des Dorfes zusammen und zündeten die Hütten an. »Dann griffen sie einen kleinen Jungen heraus. Seine Mutter wollte ihn beschützen, aber sie stießen sie zu Boden und traten auf sie ein. Sie fesselten den Jungen und warfen ihn lebendig, vor den Augen seiner Mutter in eines der Feuer.«

Über die Schreie will Khamis auch noch etwas erzählen, aber er kann nicht mehr weiterreden. Auch über die Vergewaltigungen in Kokari kann er nicht sprechen. Die arabischen Milizen haben kaum eine Frau verschont. Viele sind nun schwanger und tragen die Kinder ihrer Peiniger in sich. Die Kinder, die aus diesen Vergewaltigungen hervorgehen würden, würden hellere Haut haben als ihre Mütter, für jeden erkennbar als Kinder des Feindes.

»Wir sind so glücklich, dass unsere Kinder leben«, sagt Abdelsalams Vater. »Aber ihre Zukunft ist voller Dunkelheit. Wir gingen zurück, wenn es Frieden gäbe. Aber ich glaube, wir werden noch lange warten müssen. Nachts träumen wir vom Feuer und vom Töten. Meine Kinder wachen auf, aber ich kann ihnen nichts sagen.«

Nach dem ersten Angriff war die Familie siebzig Kilometer über die Grenze in den Tschad geflüchtet. »Wir gingen zusammen mit vielen Menschen aus unserem Dorf. Vier Tage brauchten wir für den Weg, weil wir uns tagsüber vor Luftangriffen verstecken mussten. Viele von uns starben auf dem Weg hierher.«

Als es langsam dunkler wird, verabschieden wir uns von Khamis und Khamisa und versprechen, morgen wiederzukommen und mit ihnen auf den Markt zu gehen. Abdelsalams Vater sieht traurig aus, als er uns noch ein paar Meter begleitet. Morgen bedeutet in einem

Flüchtlingsleben nicht allzu viel. Morgen sind schon zu viele Versprechen gebrochen worden.

Till, unser Dolmetscher Ali und ich schlendern zurück zum Eingang des Lagers, wo unser Jeep parkt. Der Weg führt uns an einem Acker vorbei. Auf dem Acker kniet eine Frau. Sie ist in eines der traditionellen bunten Seidengewänder gekleidet, türkis und himmelblau scheint das Tuch im Abendlicht. (Als ich Wochen später Tills Fotos ein paar Freundinnen in Deutschland zeige, fragen sie mich: »Oh, mein Gott! Wo kriegen die Frauen denn diese wundervollen Stoffe her?«) Die Frau verteilt dorniges Gestrüpp auf dem Boden und beschwert es mit Steinen.

»Was tut sie da?«, frage ich Ali und deute auf den Acker.

»Sie legt Dornen auf das Grab ihres Kindes, um es vor Tieren zu schützen«, sagt er.

Ich nähere mich der Frau auf ein paar Schritte und sehe, dass unter den Zweigen die Erde auf einer kleinen Fläche aufgeworfen und locker ist. Das Kind ist wohl gerade erst begraben worden. Die Mutter beachtet mich nicht. Von Zeit zu Zeit hält sie inne und sieht auf die Dornen. Es scheint dann, als würde sie seufzen, ansonsten ist keine Regung in ihrem Gesicht. Auf traurige Weise wirkte sie routiniert. Man kann nicht mal erahnen, was alles schon geschehen sein muss, damit eine Mutter ihr Baby in fremder Erde begräbt, es mit Dornen vor den Hyänen schützt und dabei keine Träne weint. Es ist eines dieser eingebrannten Bilder – wie der Junge, der den Sarg seiner Freundin streichelt.

Die Nacht verbringen wir auf freiem Feld. Wir fahren eine Weile, bis wir das Gefühl haben, genug Kilometer zwischen uns und die Gefahren eines Flüchtlingslagers gebracht zu haben – falls es die wirklich gibt. Wir sollen aufpassen, haben uns UN-Leute gesagt. Angeblich kommen nachts Rebellengruppen nach Frachana, um junge Männer für den Kampf gegen die Janjaweed und die sudanesische Regierung zu kidnappen. Schwer zu sagen, ob das stimmt. Zwar berichten auch die Flüchtligen davon. Aber eine Familie, deren Sohn entführt wurde, finden wir nicht. In einem Flüchtlingscamp verbreiten sich Legenden so schnell wie Krankheiten.

Wir schlagen unser Zelt auf. Die Nacht im Herzen Afrikas beginnt früher als in Europa. Es gibt kein elektrisches Licht. Als es dunkel ist, legen wir uns hin, Ali schläft in unserem Auto. Draußen sind tausend fremde Geräusche, ein Gewitter zieht in ein paar Kilometern Entfernung vorbei. Der Himmel leuchtet lila, oft sekundenlang.

Schon am nächsten Tag hat sich etwas in Frachana verändert. Khamis und Khamisa, ihr Sohn Abdelsalam und seine Geschwister sind plötzlich berühmt. Wenn Khamisa Wasser holen geht – mit einem Kanister, den sie auf dem Kopf trägt –, schließen sich ihr mehr Frauen an also sonst. Auch als wir mit ihr und Abdelsalam zu einer Untersuchung bei den »Ärzten ohne Grenzen« gehen, folgt uns ein Tross von Müttern mit ihren Kindern. Sie alle hoffen, dass ihre Kinder in Begleitung von Europäern schneller behandelt werden. Ich spüre, welche große Hoffnungen die Menschen in uns legen. Und ich weiß, dass sie in ein paar Tagen, wenn wir wieder weg sind, enttäuscht zurückbleiben werden.

Bevor wir mit Abdelsalams Vater auf den Markt am Rande des Lagers gehen, auf dem die Einheimischen ihre Waren anbieten, warnt Ali uns, nicht zu viel für die Familie zu kaufen. Ein paar Kilo Zucker, ein Sack Getreide würden Khamis zu einem reichen Mann machen. Er und seine Familie wären plötzlich beneidete, bevorzugte Außenseiter. In ein paar Wochen, wenn der Zucker aufgebraucht wäre, würde ihnen niemand mehr helfen. Die Schicksalsgemeinschaft der Flüchtlinge funktioniert nur so lange, wie alle gleich wenig besitzen.

An den meisten Ständen auf dem Markt wird Hammelfleisch verkauft. Schwarze Wolken dicker Fliegen stehen über dem Fleisch. Die Marktleute schlagen mit Tüchern. Die Schwärme teilen sich und fließen sofort wieder zusammen, wie Quecksilber.

Wir kaufen zurückhaltend, vielleicht eine Wochenration für die Familie, obwohl wir sie für Monate hätten eindecken können. Khamis scheint enttäuscht zu sein. Aber es geht nicht anders, weil wir ständig von seinen Nachbarn beobachtet werden, die uns gefolgt sind. Sein Gesichtsausdruck zerreißt mir das Herz. Ich möchte ihm sagen, dass wir in den nächsten Tagen noch einmal heimlich wiederkommen, ihm mehr bringen werden. Aber Ali achtet in diesem Moment peinlich genau darauf, dass wir das soziale Gefüge nicht durcheinanderbringen. Und ich kann mit Khamis nicht sprechen. Ich spüre, wie schwer es ist, Menschen zu helfen, die nur noch ihre Armut eint.

Acht oder neun Tage bleiben wir in der Grenzregion. Immer wieder sehen wir Tierkadaver entlang der Pisten, die die Gegend durchschneiden. Und immer wieder große Friedhöfe, die mit Dornenzweigen bedeckt sind. Von Frachana fahren wir weiter in das Flüchtlingslager Brejing, wo mehr als 50 000 Menschen kampieren. Die meisten von ihnen sind sogenannte »spontane Flüchtlinge«, Gruppen, die überraschend im Lager auftauchen, die kein UNHCR-Späher zuvor bemerkt hat. Für sie gibt es keine Zelte, zu wenig Wasser, zu wenig Medikamente. Um Unterstände zu bauen, holzen sie die Bäume der Umgebung ab und bringen so die Einheimischen gegen sich auf. Auf der Suche nach Sicherheit verwandeln sie ein kontrolliertes Camp in einen Moloch.

Den Anführer einer solchen Gruppe treffen wir, als wir durch
Brejing laufen. Er ist ein Sultan aus Darfur, gerade angekommen
mit Hunderten von Leuten. In Darfur haben ihm 37 Dörfer gehört,
22 000 Menschen wohnten dort. Nun sind sie alle auf dem Weg in
den Tschad. Diejenigen, die schon Wochen zuvor hierher gekommen sind, haben ihm aus Respekt ein Zelt überlassen. Sein Name
ist Duden Nassir Arbab Hassan. Ein stolzer Mann, Vater von neun
Söhnen und drei Töchtern. Er bittet uns in sein Zelt, in dem er
seine engste Gefolgschaft versammelt hat. Er ist der erste Mann,
der hier auf Augenhöhe mit uns spricht. Der sich uns nicht gebrochen nähert, sondern all seine Kraft zusammennimmt, um mit
der Würde seines Amtes zu sprechen. Ich sehe, wie er sich müht,
das erbärmliche Zelt um uns herum zu vergessen und als Herr-
scher aufzutreten. Als Mann mit Land und Macht und Verantwortung.

Er lässt Tee servieren und wir reden eine Stunde lang. Er erzählt
von seinem Backsteinhaus. Von seiner Familie, von der er auf der
Flucht getrennt wurde. Von seinen zwölf Kindern, die sich irgendwo
in Darfur vor den Milizen verstecken. »Als die Janjaweed in mein
Dorf kamen, haben viele meiner Männer um ihr Vieh gekämpft. Sie
haben sich mit Messern und Schwertern verteidigt«, erzählt er. »Sie
alle wurden ermordet. 225 Männer starben an diesem Morgen. Wir
konnten sie nicht beerdigen. Ich will nicht daran denken, dass diese
Mörder nun in meinem Haus wohnen.«

Ich frage ihn, woran er abends denkt, bevor er einschläft.

»Ich kann es kaum ertragen, meine Leute hier so zu sehen. Arm
und ohne etwas zu essen«, antwortet er. »Im Sudan waren wir reich.
Wir hatten Vieh, Plantagen und Land. Unser Vieh haben sie uns ge-
stohlen, unsere Plantagen haben sie abgeholzt oder niedergebrannt.
Aber abends denke ich an unser Land. Denn unser Land wird im-

mer da sein. Es wird immer unser Land bleiben und eines Tages
werden wir dahin zurückkehren.«

Bevor wir gehen, zieht einer der Männer eine schwarze Akten-
mappe hervor und reicht sie dem Sultan. Duden Nassir Arbab
Hassan zieht ein Blatt Papier heraus, darauf ist ein Briefkopf in ara-
bischer Schrift. Er faltet das Blatt, reißt den Briefkopf ab und über-
reicht ihn mir. Dies sei seine Visitenkarte, sagt er. Wenn ich eines
besseren Tages nach Darfur komme, solle ich ihn besuchen. Seine
Karte würde mich schützen, überall kenne man seinen Namen. Wir
verabschieden uns mit einem festen, feierlichen Händedruck und
versprechen uns, irgendwann in der Zukunft wieder zusammenzu-
sitzen.

Gott weiß, ob es jemals so kommen wird. Ich glaube es nicht.
Trotzdem habe ich seine Visitenkarte aufbewahrt. Sie wegzuwerfen,
hieße, ihn und seinen Stamm in Gedanken aufzugeben. Das Stück
Papier mit der gerissenen Kante liegt neben mir, während ich
schreibe. Darauf ist das Wappen des Sultans. Ein Schwert, gekreuzt
von einer Lanze. Drei Sterne über einem auf dem Rücken liegenden
Halbmond.

Am Tag, als wir die Flüchtlingslager zurücklassen, besuchen wir
früh morgens Abdelsalams Familie. Wir bringen Salz und Zucker,
Nüsse und eine Art Müsli, Porridge, Buntstifte und Papier für die
Kinder. Ali sagt ihnen, dass sie es verstecken sollen und sie verstehen. Ich gebe Khamis die Hand. Ich wünschte, es wäre anders; ich
rede mir ein, es wäre anders. Aber ich spüre, dass mich mit dem
Schicksal dieser Menschen eigentlich nichts verbindet, dass ich es
besser habe, dass ich froh bin, es besser zu haben. Dass es nicht
schwerfällt, sie zurückzulassen.

Ich denke: Habe ich jetzt genug getan, um diesen Ort verlassen
zu dürfen? Habe ich genug geholfen? Nein, denke ich und dann

fahre ich los. Es dauert nur wenige Minuten, bis wir Frachana nicht
mehr sehen.

Seit ich im Flüchtlingslager Frachana gewesen bin, sind über drei
Jahre vergangen. Alle großen Zeitungen und Magazine, alle wichtigen Fernsehsender dieser Welt haben über den Völkermord in Darfur und über die Flüchtlinge berichtet. In der Herald Tribune haben
Hilfsorganisationen offene Briefe an die Vereinten Nationen veröf-
fentlicht. Während ich diese Zeilen schreibe, laufen im Radio die
Nachrichten. Die »Ärzte ohne Grenzen« haben gerade ihren Jahres-
bericht vorgestellt. Die Situation der Menschen in Darfur und im
Grenzgebiet ist seit 2004 nur schlimmer geworden. 200 000 Menschen sind tot. Die Massaker sind seltener geworden, was vor allem
daran liegt, dass die Janjaweed keine Opfer mehr finden. Zweieinhalb
Millionen Menschen haben ihre Dörfer verlassen und leben heute
mehr oder weniger beschützt in Flüchtlingslagern – ohne Aussicht,
irgendwann heimkehren zu können. Doch auch auf der tschadischen
Seite der Grenze wird inzwischen gekämpft und gemordet, im
Schnitt sterben dort jeden Monat 200 Zivilisten. Selbst der Skandal,
dass sich niemand für Darfur interessiert, interessiert inzwischen
niemanden mehr. In der Herald Tribune fand ich eine Karikatur.
Eine Armee von Schnecken, auf ihren Köpfen UN-Helme, rückt auf
dem Friedhof Darfur ein. Die Untätigkeit der »Weltgemeinschaft«
reicht heute gerade noch für einen Witz, Seite fünf, rechts oben.

Vor Kurzem habe ich mit dem Fotografen telefoniert, der damals
das Foto gemacht hat, mit dem wir Abdelsalam suchten und fanden. Er erzählte mir, er sei wieder da gewesen, in Frachana.

»Hast Du den Jungen und seine Familie gesehen?«, fragte ich.

»Nein. Ich habe sie gesucht. Aber sie sind nicht mehr da. Keine
Ahnung, was mit ihnen passiert ist.«

Abdelsalam, seine Eltern Khamis und Khamisa und seine beiden Geschwister sind irgendwo in einem vergessenen Völkermord verloren gegangen. Und nie wieder wird jemand nach ihnen fragen.

Um zurück nach N'Djamena, in die Hauptstadt des Tschad, zu fliegen, müssen wir 200 Kilometer nach Westen fahren. Dort, in Abéché, landen die Flugzeuge der UN auf einer Wüstenpiste. Abéché ist ein staubiges, heißes Nest mit flachen Lehmhäusern. Die Sonne scheint den ganzen Tag senkrecht zu stehen, es gibt keine asphaltierten Straßen, jede Ecke sieht gleich aus. Es sind kaum Menschen zu sehen und auf den ersten Blick wirkt Abéché nicht so, als könnte es uns bieten, was Ali uns versprochen hat: fließendes Wasser. Wir haben seit zehn Tagen nicht mehr richtig geduscht. Manchmal haben wir uns morgens einen Eimer Wasser über den Kopf gekippt. Auf unserer Haut klebt die ekelhafte Asche, die entsteht, wenn Menschen alles verbrennen: Holz, Müll, Tierkadaver, Exkremente.

Wir fahren zu einer Adresse, die uns die Leute von »Ärzte ohne Grenzen« in Frachana gegeben haben. Es ist ihr Hauptquartier in Abéché. Normalerweise sind Hilfsorganisationen nicht besonders versessen darauf, Journalisten zu beherbergen. Sie futtern das wenige Essen weg, wollen ihre E-Mails checken, stellen viele Fragen, dringen in diese sehr enge Form von Gemeinschaft ein und vor allem trinken sie die knappen Heineken-Reserven, die es in jedem Hauptquartier jeder Hilfsorganisation auf der Welt gibt. Wir aber haben uns mit einigen Ärzten angefreundet, außerdem arbeiten wir für eine große Zeitung. Das verbessert unsere Chancen. Wir klopfen an das Eisentor und ein junger Schweizer öffnet. Er ist auf unseren Besuch sogar vorbereitet worden und lässt uns gleich in das Haus. Ich höre den herrlichen Klang eines Diesel-Generators irgendwo im Garten. Ein Generator heißt, dass es Ventilatoren gibt und höchstwahrscheinlich auch einen Kühlschrank. Wir fragen, ob es tatsächlich fließend Wasser gebe. »Ja«, sagte der Schweizer. »Wenn Ihr Euch duschen wollt – kein Problem.«

Unter der Dusche muss ich an das denken, was mir ein UNHCR-Mitarbeiter im Flüchtlingslager erzählt hatte. 120 Liter Wasser verbraucht ein Europäer im Durchschnitt jeden Tag. Vier bis sechs Liter haben die Menschen in den Flüchtlingslagern zur Verfügung, manche sogar weniger. Ich stehe unter dem sinnlos prasselnden Wasser und kann mich nicht schuldig dabei fühlen. Menschen verdrängen so schnell wie sie eine Zeitung wegwerfen.

Als wir beide geduscht haben, bietet uns ein spanischer Ingenieur von »Ärzte ohne Grenzen« tatsächlich ein Bier an. Till und ich sitzen in zwei Liegestühlen, jeder eine eiskalte Dose in der Hand, und zwischen uns ein Ventilator. Wir reden, machen Scherze darüber, wie wir der Redaktion die hohen Reisekosten erklärt hätten, wenn wir den Jungen nicht gefunden hätten und rauchen unsere letzten Zigaretten. Nach fast zwei Wochen ohne Alkohol und ohne fetthaltiges Essen steigt das Bier sofort in den Kopf. Angenehm benebelt sehen wir den Rauchringen nach.

»Ich hol mal neue Zigaretten«, sage ich nach einer Weile. Im Flüchtlingslager habe ich ein paar Schachteln verschenkt, Till hat mehr geraucht als üblich und so ist meine sonst sehr präzise Gauloises-Kalkulation völlig durcheinander geraten. Auf dem Weg zum Haus habe ich in den Straßen von Abéché immer wieder kleine Stände gesehen, an denen es Zigaretten gibt. Einen solchen Stand will ich jetzt suchen.

Ich ziehe das Eisentor hinter mir zu, gehe ein paar Meter die Straße entlang und biege auf eine breitere Sandpiste ab. Nichts ist zu sehen, nichts ist zu hören, nur das Flirren und Summen von Generatoren und Insekten. Die UN-blau gestrichenen Eingangstore vor zahlreichen Häusern, die Stacheldrahtrollen auf den Mauern verraten mir, dass ich mich in einer Art Diplomatenviertel befinde.

Auf der Fahrt nach Abéché haben wir viele Laster mit jungen Männern auf der Ladefläche gesehen. Sie alle trugen abgewetzte Uniformen, kauten Kat und hatten Kalaschnikows dabei. Ich überlege, was wohl passieren würde, wenn ich einer solchen Gruppe hier begegnen würde. Ich merke, wie allein man sich in Afrika plötzlich fühlen kann.

Als ich gerade umkehren und zum Haus zurückgehen will, sehe ich in einigen hundert Meter Entfernung drei Männer unter einem Baum sitzen. Sie tragen weiße Gewänder. Es ist der erste Baum, den ich in Abéché sehe. Wenn ich hier Zigaretten verkaufen würde, denke ich, würde ich mich unter einen schattigen Baum setzen. Ich gehe auf die drei Männer zu.

Ich bin noch ungefähr hundert Meter von ihnen entfernt, da erkenne ich, dass sie nichts verkaufen, sondern scheinbar einfach nur da sitzen, wie viele Männer im Tschad einfach nur so sitzen. Ich winke ihnen kurz zu und will umdrehen. Doch einer der Männer springt auf und kommt auf mich zugelaufen. Ich bleibe stehen und sehe zu meinem Erschrecken, dass er aus irgendeiner Falte seines Gewandes eine ziemlich große Pistole zieht und diese auf mich richtet. Ich hebe die Hände.

Ein Dieb, denke ich. Ein Bündel tschadischer Franc steckt in meiner Brusttasche. Die schmutzigen, abgegriffenen Scheine sind so wenig wert, dass sie einen Dieb eher aggressiv machen. In meinem Gürtel sind 10 000 Dollar in gerollten Hundertern versteckt. Die wenigen Franc, die vielen Dollar und der Umstand, dass außer den drei Männern niemand zu sehen ist, scheinen mir als ziemlich gute Gründe, mich zu erschießen. Ich habe noch nie in meinem Leben solche Angst gehabt. Es ist nicht wie im Film, wo man zur Seite hechten oder seinen Gegner entwaffnen kann. Es ist auch nicht cool oder spannend. Es ist einfach nur das beschissenste Gefühl, das man sich vorstellen kann. Wegen der verdammten Zigaretten stehe ich jetzt hier und der Typ wird mich abknallen, denke ich. Ich überlege, wer es meinen Eltern und meiner Frau sagen würde. Ob man mich überhaupt finden wird. Ich hoffe, dass ich verletzt wenigstens bei den Leuten von »Ärzte ohne Grenzen« landen werde und nicht im Stadtkrankenhaus von Abéché, falls es so etwas gibt.

Der Mann steht nun direkt vor mir. Er lädt seine Pistole durch und drückt sie mir gegen die Stirn. Auf Französisch schreit er mich an. Ich verstehe kein Wort. In Gedanken habe ich mir schon häufig zurecht gelegt, was ich in einer solchen Situation sagen würde. Leider nur in den beiden Sprachen, die ich beherrsche: Deutsch und Englisch. Auf Französisch kann ich nur stammeln und auch das macht meine Situation nicht besser.

»Je cherché cigarette«, sage ich.

Wahrscheinlich glaubt der Mann mit der Waffe, ich wolle ihn um eine Zigarette anschnorren. Das macht ihn nur noch wütender.

»No cigarette!«, brüllt er mich an und stößt mir den Pistolenlauf gegen die Stirn.

»Anglais?«, frage ich.

»Non anglais!«, ist seine Antwort.

Ich überlege, ob er wohl abdrücken wird, wenn ich meinen Arm bewege. Aber ich denke, es ist meine einzige Chance. Vorsichtig deute ich auf meine Brusttasche und weil mir das französische Wort für Geld nicht einfällt, sage ich »Money here.«

»No money!«

Er will kein Geld, ist also wahrscheinlich auch kein Räuber. Für einen einfachen Raubüberfall redet er auch zu viel. Ohne eine Pause zu machen, brüllt er auf mich ein. Dabei spüre ich immer wieder, wie der Stahl der durchgeladenen Pistole gegen meine Stirn stupst. Die beiden anderen Männer unter dem Baum sehen ungerührt zu.

»Allemand«, sage ich, »Je suis allemand«, weil ich denke, er hält mich vielleicht für einen Amerikaner, die sich in manchen Teilen der Welt ja keiner allzu großen Beliebtheit erfreuen. Doch der Mann schreit einfach weiter. Meine Beine beginnen zu zittern.

»Carte de presse«, sage ich und zeige noch einmal vorsichtig auf meine Brusttasche. »Je suis journaliste.«

Es sind ungefähr fünfzehn Minuten vergangen. Ich sehe dem Mann vorsichtig in die Augen, aber ich finde nichts in seinem Blick, was mich besonders zuversichtlich stimmt. Er dreht sich um, ohne seine Waffe zu senken, sieht hinüber zu den anderen beiden unter dem Baum. Dann packt er mich an der Schulter, dreht mich herum und sagt endlich etwas, was ich verstehe: »Allez! Allez!«

Die Pistole drückt er mir nun in den Rücken, was ich als Zeichen deute, dass er mich zumindest nicht sofort erschießen will. Behutsam gehe ich los, so langsam, dass er unter keinen Umständen den Eindruck haben kann, ich wolle flüchten. Wir gehen eine schmale Straße entlang, um eine Ecke herum. Wir sind plötzlich ganz allein. Nur er, ich, seine Pistole und ein rot-weiß lackiertes Ölfass am Straßenrand. Jahre später, bei einer Schulung der Bundeswehr für Journalisten in Krisenregionen, werde ich erfahren, dass eine rot-weiße Tonne mitten in der Wüste durchaus eine Bedeutung haben kann. Aber bis zu diesem Tag in Abéché habe ich nicht davon gehört. Neben der Tonne bleiben wir stehen. Mit seiner Pistole schlägt er gegen das Metall. Ein stumpfer, scheppernder Klang, als wäre das Fass mit Sand gefüllt. Ich weiß instinktiv, dass es etwas Gutes bedeutet. Er will mir eine Lektion erteilen. Ich weiß zwar nicht worin, aber er wird mich leben lassen, das ist mir jetzt klar. »Yallah«, ruft er und schlägt noch einmal gegen die Tonne. Ich spüre einen Schubser, »Yallah, yallah!« ruft der Mann.

Ich gehe los in die Richtung, in der ich das sichere Haus vermutete. Schritt für Schritt für Schritt für Schritt. Der Mann schreit mir noch etwas hinterher, ich drehe mich nicht mehr um. Als ich wieder im Haus bin und das Eisentor hinter mir geschlossen habe, lehne ich mich an die Mauer und lasse mich zu Boden sinken.

Später erfahre ich, dass ich Glück gehabt habe, natürlich. Das rotweiße Ölfass ist die Außenmarkierung für das Grundstück des tschadischen Präsidenten. Er hat in Abéché seine Sommerresidenz. Seine Leibwächter, so erzählen mir unsere Gastgeber, schießen normalerweise sofort, weil sie ständig Angst vor Spionen, Legionären und einem Putsch haben. (Zwei Jahre später kam es tatsächlich zu einem erfolglosen Putschversuch.)

Ich komme mir einerseits ziemlich dumm vor. Andererseits spüre ich eine Irrsinnswut auf den Mann mit der Waffe. Mir ist nun klar, wie es sich anfühlt, unterlegen und ausgeliefert zu sein. Machtlos um sein Leben zu fürchten, macht nicht nur ängstlich, es macht auch aggressiv. Ich habe den heißen Wunsch, mit einer Waffe in der Hand zurückzugehen und mich für diese demütigenden Minuten zu rächen. Noch heute, während ich schreibe, glüht Hass in mir. Vielleicht tat der Mann nur seine Pflicht, vielleicht war ihm auch einfach langweilig, vielleicht war er in jenem Moment tatsächlich ungewöhnlich zurückhaltend. Aber die Hilflosigkeit und die stechende Angst dieser Minuten ließen und lassen in mir wenig Platz für Verständnis oder gar Einsicht. Ich wollte ihm einfach nur an die Kehle. Seit diesem Tag verstehe ich Menschen, die keine Versöhnung wollen, sondern Rache.

Zurück in N'Djamena checken wir ins Le Meridien Hotel ein. Wir müssen noch zwei Tage auf unseren Air-France-Flug nach Paris warten. Ein Zimmer kostet 290 Dollar pro Nacht, ungewöhnlich viel für ein Hotel an einem solchen Ort. Als wir uns in die Gästeliste eintragen, sehe ich den Grund für die inflationären Preise. Auf der Liste ist auch eine Spalte mit der Überschrift »Company, in die man seine Firma eintragen soll. Hinter den Namen der anderen Gäste stehen »Exxon«, »Shell« und immer wieder »PetroChina«. Die Öl-Industrie hat den Tschad erreicht.

Was damals mit ein paar chinesischen Ingenieuren in einem Kolonialhotel begann, hat sich heute zu einem der wichtigsten Energieprojekte der Volksrepublik ausgeweitet. Die Chinesen haben sich die Bohrrechte für große Teile des Tschads auf Jahrzehnte gesichert und versorgen die Regierung dafür mit dem, was Afrika am wenigsten braucht – Waffen. Auch die UN-Resolutionen und Wirtschaftsembargos gegen den Sudan, die das Morden in Darfur beenden oder zumindest bremsen sollten, hat die chinesische Regierung jahrelang mit ihrem Veto-Recht blockiert. Ob das etwas mit dem Öl zu tun hat, das China aus dem Sudan importiert oder mit den Waffen, die man in den Sudan verkauft – wer weiß.

Till und ich bezahlen die Zimmer im voraus in bar, duschen noch einmal ausgiebig und setzen uns dann mit einem Gin Tonic auf die Hotelterrasse. Wir sehen große schwarze Insekten durch den Garten fliegen. Wir wissen nicht, was das für Tiere sind, bis sich die ersten auf unserer Tischpflanze niederlassen und genüsslich zu nagen beginnen. Heuschrecken. Von Stunde zu Stunde werden es mehr, am späten Abend ist der Himmel voll von ihnen. Sie kommen aus dem Niger, wo sie schon eine komplette Ernte gefressen haben. Nun ziehen sie weiter in den Tschad, direkt über uns hinweg. Die Heuschrecken – eine der Plagen in der Bibel – kommen wie zum symbolischen Geleit der Öl-Pioniere.

Im Zirpen des Abends gesellt sich ein englischer UN-Mitarbeiter zu uns. Auch er ist gerade aus den Flüchtlingslagern zurückgekommen. Er trägt rahmengenähte Budapester, die vom Matsch der Wadis und vom Staub der Camps mit einer prähistorisch anmutenden Sandschicht überzogen sind. Er bestellt sich auch einen Gin Tonic und fängt an, auf die tschadische Visums-Bürokratie zu schimpfen. Ständig brauche er neue Schreiben von der UN, dass er das Land auch wieder verlassen würde, dass er nicht als illegaler Einwanderer hierbleiben und arbeiten würde.

Als ihm ein Kellner mit weißen Handschuhen den Drink serviert, sagt der Engländer: »Like I wanna live in your fuckin' country.«

In der Nacht bekomme ich endlich eine Leitung nach Deutschland. Ich rufe unseren Nachrichtenchef an, um ihm zu sagen, dass wir Abdelsalam gefunden haben und heil zurück in N'Djamena sind. Er erzählt mir, dass tschetschenische Terroristen in einer russischen Stadt namens Beslan eine Schule besetzt haben – ich habe ja seit zehn Tagen keine Nachrichten mehr gehört. Es habe über 300 Tote gegeben, die meisten davon Schüler. Er spricht es nicht aus, aber mir ist klar, dass Kinder in Afrika nun erstmal niemanden interessieren würden. Zwei Wochen lang habe ich die Geschichten der Menschen in den Flüchtlingslagern gesammelt. Geschichten von Flucht, Vertreibung, Tod, Durst, Krankheit, Trauer, Verstümmelung, Vergewaltigung, Mord und Verzweiflung. Es sind Geschichten, die ich erzählen will, die Menschen hören sollen. Aber die Opfer des Augenblicks sind russisch und nicht schwarz.

3
Vatikan: Kein Gefühl

Einen Tag nachdem ich aus Phuket zurück bin, rät mir ein Freund: »Ruh dich erstmal aus. Fahr in die Sonne. Hau dich irgendwo an den Strand.«

Eher nicht.

Wieder in Deutschland zu sein, ist schwierig. »Wie war's?«, und, »Wie geht's Dir jetzt?«, sind die häufigsten Fragen, die ich höre.

Alles okay.

In der Redaktion sagen sie, ich solle ruhig mal zum Psychologen gehen, wenn ich will, alles erzählen. Aber ich habe nicht das Bedürfnis, etwas zu erzählen. Ich gehe viel spazieren, laufe durch die Stadt, schaue mir Schaufenster an. Ich habe das Gefühl, die Leute müssten mir ansehen, was ich erlebt habe. Ich fühle mich, als würde ich diese Katastrophe auf der Haut tragen. Aber natürlich guckt niemand.

Im Badezimmer neben der Waschmaschine liegt ein verknoteter Hotel-Wäschebeutel mit Klamotten, die ich am letzten Tag in den Tempeln getragen habe. Eine braune Hose, ein hellblau-weiß gestreiftes Hemd, eine Boxershorts. Jeden Tag nehme ich mir vor, diese Plastiktüte zu öffnen und die Sachen zu waschen. Jeden Tag verschiebe ich es wieder.

Ich schlendere über den Wochenmarkt in unserem Stadtteil und an einem Käsestand sticht plötzlich wieder der Geruch des Todes in meiner Nase. Ich versuche zu ergründen, woher er kommt. Aber da ist er schon wieder verschwunden. Ich telefoniere mit Till und frage ihn, ob er seiner Frau viel aus Thailand erzählt hat. Er sagt, er würde ihr einfach seine Fotos zeigen. Ich beneide ihn darum, dass seine Arbeit nicht viele Worte braucht.

Das Jahr 2005 beginnt ruhig. Keine große Geschichte bestimmt die Schlagzeilen. Ich stelle mir meinen Radiowecker auf eine Minute vor sieben, um morgens gleich nach dem Aufwachen die Nachrichten zu hören, als hätte ich Angst, meinen Einsatz zu verpassen. Doch wochenlang geschieht nichts.

Ende März heißt es dann, der Papst liege im Sterben, dieses Mal tatsächlich. Inzwischen sehne ich mich förmlich nach irgendeinem Ereignis großer Emotionen. Tausende bangende, betende Katholiken auf dem Petersplatz in Rom sind einfach eine zu große Versuchung. Am 1. April bitte ich meinen Chef, fliegen zu dürfen, rufe Till an und schon sitzen wir im nächsten Flugzeug auf dem Weg in die Ewige Stadt.

Gleich nachdem die Maschine in Rom gelandet ist, rufe ich in der Redaktion an. »Lebt er noch?«, frage ich. Ja, er lebt noch. Ich bin erleichtert. Die Sorge, etwas zu verpassen, lässt mich seit Thailand nicht mehr in Ruhe. Vor dem Tsunami flog ich den Geschichten gespannt entgegen. Seitdem hetze ich ihnen nervös hinterher. Die Suche nach den Momenten, die die Welt bewegen, ist für mich zur Sucht geworden. Ich werde das Gefühl nicht mehr los, dass diese Momente für mich bestimmt sind, und sie zu versäumen hieße, ein Loch in mein Leben zu reißen. Jede Minute auf dem Weg dahin, jede Minute des Wartens schmerzt mich. Erst heute, während ich schreibe, merke ich, wie abhängig ich von diesen Augenblicken geballter Gefühle war und vielleicht noch immer bin. Im Sterben des Papstes werde ich jedoch nicht finden, was ich suche.

Mit dem Taxi fahren wir zum Petersplatz. Tausende Menschen sind schon dort und blicken hoch zu einem Fenster des Apostolischen Palastes. Die Läden des Fensters stehen offen. Erst heißt es, das Fenster würde geschlossen, wenn der Papst tot ist. Später ändert sich das Gerücht. Nun erzählen die Leute, die Schweizer Garde würde die große Pforte zum Palast schließen, als Zeichen des Todes. Als es dämmert, bekommen wir aus der Redaktion den Auftrag, das »Kerzenmeer« auf dem Petersplatz zu fotografieren, die Bilder davon würden schon bei CNN laufen. Leider gibt es kein Kerzenmeer, sondern nur einige Windlichter, die rund um die Statuen auf dem Platz stehen. Geschicktes Schwenken mit der Kamera, Zeitlupe und eine Dauerschleife dieses Bildes in Kombination mit trauriger Musik erweckt im Fernsehen zwar den Anschein eines Lichtermeers, aber es gibt einfach keines. An diesem ersten Abend in Rom ahne ich schon, dass wir in den nächsten Tagen den Bildern hinterherlaufen werden. Ich blicke hoch zu den Fenstern, hinter denen Johannes Paul II. stirbt und versuche, irgendetwas zu fühlen. Aber die andächtige Trance, in der sich die Gläubigen auf dem Platz befinden, berührt mich nicht. In diesem Moment sterben hinter so vielen Fenstern, in so vielen Hütten, Zelten, Krankenhäusern Menschen, auf die keine Kamera gerichtet ist. Es sterben so viele Menschen, die keine Schläuche und Beatmungsapparate, sondern bloß ein paar Kalorien mehr am Tag gebraucht hätten oder billige Medikamente. In dieser künstlichen, symbolschweren Welt des Vatikan mit seinen Insignien weltlicher Macht und großen Reichtums scheint mir der alte Mann da oben unendlich weit entfernt. Ich versuche, mich seinem Leiden nahe zu fühlen. Aber es bleibt ein Leiden hinter hohen Mauern, vermutlich erleichtert von dem Glauben, bald an einen besseren, erstrebenswerten Ort zu reisen.

Kurz nach 21 Uhr schließt die Schweizer Garde die Pforte, für ein paar Minuten kommt Aufregung auf. Aber schon bald wird klar, dass dies kein Zeichen ist und der Papst noch lebt.

Bis tief in die Nacht bleiben wir auf dem Petersplatz. In Schlafsäcken betten sich junge Katholiken auf den Stein. Ich frage Frauen und Männer, was ihnen der Papst bedeute. Er sei ein wahrer Nachfolger Petri, sein Charisma habe die Welt friedlicher gemacht, er habe Menschen zueinander geführt, er stehe wie ein Fels für die Werte der Kirche und seines Glaubens, er leide wie Jesus am Kreuz.

Und immer wieder höre ich, sie würden sich hier Gott besonders nahe fühlen, seine Anwesenheit spüren. Dass offenbar Tausende Menschen die Kulisse dieses Ortes brauchen, um sich ihm nahe zu fühlen, erscheint mir so seltsam wie vieles, was passiert, wenn Mensch und Glaube aufeinanderprallen. Mich beschleicht das Gefühl, dass sich viele unter diesen Pilgern traurig denken, um dazuzugehören. Eine Gruppendynamik des Trauerns und des Bangens breitet sich aus.

Immer zur vollen Stunde kommt Christiane Amanpour schlaftrunken (aber erstaunlich gut frisiert) aus einem Wohnwagen hervor, den CNN für sie aufgestellt hat, und macht ihre Live-Schaltung für die Hauptnachrichten. Es erinnert mich an eine Kuckucksuhr.

Am nächsten Abend gegen halb neun gehen wir in eine Pizzeria, wenige Schritte vom Petersplatz entfernt. Ein Korrespondent, den wir in Rom kennengelernt haben, pflegt angeblich hervorragende Kontakte in den Vatikan. Von seinen Informanten hat er erfahren, dass sich der Zustand des Papstes wieder stabilisiert hat. Er hat den Papst über zehn Jahre lang auf dessen Reisen begleitet und ist euphorisiert von dieser Nachricht. »Der alte Verbrecher schafft es noch mal«, ruft er, während wir zum Restaurant gehen. »Er packt's, ich weiß es. Der stirbt nicht so einfach, er ist zäh, der alte Junge.« Am Vorabend hat uns eben jener Korrespondent versichert, Johannes Paul II. würde die Nacht nicht überleben. Das sollte uns misstrauisch machen, aber irgendwie lassen wir uns von seiner kindlichen Euphorie anstecken, setzen uns gut gelaunt an einen Tisch und bestellen Pizza und Wein. Die Pizza ist gerade serviert, da fangen überall im Restaurant die Handys an zu klingeln und zu piepen. Ich versuche, meine Frau anzurufen, die in Deutschland vor dem Fernseher sitzt, aber das Handynetz ist überlastet. »Ich glaube, er ist tot«, sage ich. »Tot?«, fragt unser Kollege. »Das kann nicht sein«, sagt er und kramt ziemlich hektisch sein Telefon hervor, das er erstaunlicherweise auf lautlos gestellt hat. Auf seinem Handy hat er schon diverse SMS, die meine Vermutung bestätigen.

Papst Johannes Paul II. ist tot.

Wir werfen ein paar Euroscheine auf den Tisch, nehmen jeweils noch ein großes Stück Pizza und rennen zum Petersplatz. Als wir ankommen, hören wir den dumpfen Klang der Totenglocke. Ich rufe in der Redaktion an und schildere, was ich sehe. Beten, schweigen, hochblicken zu den erleuchteten Fenstern, bekreuzigen, im Arm halten. Hände, in denen Rosenkränze liegen. Applaus für den Toten – wie es in Italien üblich ist. »Weinen die Menschen auch?«, fragt der Redakteur. »Ja, ja, sie weinen«, sage ich. Ich habe niemanden weinen sehen, aber irgendwo auf diesem riesigen Platz wird jemand weinen, und außerdem gibt es Momente, in denen es unmöglich ist, gegen das anzukommen, was sich die Menschen vorstellen. Vielleicht ist das der Grund, warum mich dieses Weltereignis so wenig berührt. Ich kann nicht berichten, wie ich es erlebe. Ich bezeuge nur die Vorstellungen, die sich Menschen von so einer Situation machen. Der Papst ist tot, die Menschen weinen, bitte bestätigen.

Die Wahrheit dieser Nacht, dieser Stunden spielt da oben hinter den Fenstern des päpstlichen Apartments. Wir sind unendlich weit weg von der wahren Geschichte. Wo hunderttausend Menschen trauern, in einer Massenbewegung trauern, ist es so viel schwerer, den Kern dieses Gefühls offenzulegen und zu beschreiben, zu erleben und nachzuempfinden, als dort, wo ein Mensch oder eine Familie weint. Auf dem Petersplatz fällt unser Freund, der Korrespondent, einem Kardinal, den er schon lange kennt, weinend um den Hals. Der Kardinal in seiner Soutane wirkt erst etwas über-

fordert, dann nimmt er unseren Kollegen in den Arm und tröstet
ihn. Es ist ein kurzer echter Moment, den ich für mich alleine habe.
Es sind die einzigen Tränen, die ich an diesem Abend sehe. Die
Redaktion ruft an und liest uns die Schlagzeile für den nächsten
Tag, den Sonntag, vor. Die letzten überlieferten Worte des sterben-
den Papstes: »Ich bin froh, seid Ihr es auch.«

Ich habe kein Gefühl.

Innerhalb einer Nacht verwandelt sich die andächtige Trauer auf
dem Petersplatz in ein Andachtsspektakel mit den fröhlichen Zügen eines Kirchentages. Aus ganz Europa treffen Busse mit jungen
Menschen ein. Manche tragen Pfadfinderuniformen, andere zeigen
die Flagge ihres Landes. Aus Polen, der Heimat des Papstes, sind viele
da, aber auch aus Spanien, Frankreich, Österreich und Deutschland.
In kleinen Gruppen besetzen sie die besten Plätze nah am Petersdom. Sie haben ihr Kochgeschirr, ihre Thermoskannen und Gitar-
ren dabei. In den Gassen des Vatikans verkaufen die ersten Souve-
nirhändler schon Bildbände und Kalender mit den schönsten Fotos
aus dem Leben des toten Papstes. Auf den dünnen, schlecht ge-
druckten Bildbänden steht das Wort »Grazie!«.

Gegen Mittag höre ich zum ersten Mal Sprechchöre. »Giovanni
Paolo« – rhythmisches Klatschen – »Giovanni Paolo« – rhythmisches
Klatschen. Es ist die Art der Jugendlichen, ihre Sympathie für diesen
Mann zu zeigen. Sie werden immer lauter, bis eine andere Gruppe
sie mit dem neuen Sprechchor »Santo subito« übertönt. Die Sprechchöre hallen wie aus verschiedenen Kurven eines Stadions. Irgendwann kommt eine Durchsage über Lautsprecher, man möge die
Gefühle der Menschen achten, die in Stille trauern wollen, aber die
Rufe verstummen nicht. Die eine Gruppe singt zur Gitarre, die andere klatscht im Takt. Johannes Paul II. wollte eigentlich zum
nächsten Weltjugendtag nach Köln reisen. »Er kann nicht mehr zu

uns kommen, deswegen kommen wir jetzt zu ihm«, sagt mir ein junger Katholik aus Deutschland.

»Wir sehen es im Fernsehen«, sagen meine Eltern am Telefon. »Ist das nicht toll, wie fröhlich die Menschen mit dem Tod umgehen? So hätte er es sicher gewollt.« Ich bin frustriert, weil ich keinen Zugang finde zu diesem Gefühl, das offenbar so viele Menschen auf der ganzen Welt empfinden. Ein Fest zu seinem Tod, eine Feier seines Lebens, die Millionen vereint. Es fällt mir schwer, im Sterben des Papstes etwas Heiteres zu sehen, nur weil hinter seinem Tod so wenig Unbequemes ist, nichts, wofür wir uns schämen müssten. Nicht wie bei einem Kind, das verhungert oder einem jungen Mann, der eine Kugel in den Kopf kriegt, weil irgendjemand ihn in irgendeinen wahnsinnigen Krieg geschickt hat.

Gegen Nachmittag trägt die Schweizergarde den aufgebahrten Papst vom Apostolischen Palast in den Petersdom. Ich stehe direkt an der Absperrung, ich könnte sein wachsiges Gesicht berühren. Es ist dick geschminkt, damit man die ersten Zeichen des Todes nicht sieht, die dunklen Flecken unter der Haut. Hunderte Menschen fotografieren Johannes Paul II. mit ihren Handys. Abschiedsfotos, Erinnerungsfotos, Urlaubsfotos. Ich frage mich immer, was die Leute mit solchen Bildern machen, wenn sie wieder zu Hause sind. Ich würde gerne um ihn trauern, aber es gelingt mir einfach nicht. Ich vermute, er war ein guter Mensch, aber ich habe ihn nicht gekannt.

An unserem ersten Abend in Rom, als der Papst noch lebte, sah ich eine einmalige Wolke. Sie war lang und schmal und hing schräg über dem Petersdom. Von der Kuppel führte sie hoch in den Himmel wie ein Pfad. Näher bin ich der Geschichte nicht gekommen. Kein Gefühl.

Kurz vor Weihnachten 2005 kehren Till und ich nach Thailand zurück. Wir sollen eine Geschichte zum ersten Jahrestag der Katastrophe machen. Wir sollen die Strände und Orte besuchen, über die wir
vor einem Jahr berichtet haben. Ich mag Jahrestage nicht besonders.
Man sucht etwas, was längst nicht mehr da ist.

Wir landen am Abend in Phuket. Auf dem Rollfeld parken Ferien-
jets. Der Flughafen ist leer und sauber. Vom Ankunftsbereich sehen
wir durch die Glasscheiben in die Abflughalle. Wo vor einem Jahr
apathische, verletzte Touristen saßen, manche von ihnen verbunden und mit Schürfwunden im Gesicht, ist nun niemand. Nur eine
Putzfrau, die den Boden feudelt. Bei der Einreise drückt der Beamte
schläfrig einen Stempel in meinen Pass. Für einen Moment denke
ich, es ist alles nur ein Traum gewesen.

Wir wohnen wieder im selben Hotel. Im Eingang hängt dieselbe
Weihnachtsbeleuchtung wie vor einem Jahr. Ich bin müde vom
langen Flug. Vor einem Jahr war ich zwei Wochen lang nicht müde.
Das Adrenalin war stärker als die Müdigkeit.

Am nächsten Morgen fahren wir zum Vachira-Krankenhaus in
Phuket Town. Wir gehen über nackte Betontreppen zu der Station, auf
der damals die verletzten Touristen lagen. Ein offener Saal ohne Fenster. Alte Krankenhausbetten, von denen der weiße Lack abblättert. Ich
schließe die Augen und denke an die Nacht vor einem Jahr. An die großen flatternden Schatten, die Hunderte Moskitos vor den Neonröhren
warfen. Ich höre das Stöhnen und Wimmern der Verletzten, ihr viel-
sprachiges Flüstern. »Mein Verlobter heißt Holger«, höre ich eine junge
Frau in bayrischem Dialekt zu mir sagen. »Er ist Pilot. Wir haben versucht, uns aneinander festzuhalten, als die Welle kam. Das Wasser hat
uns auseinandergerissen. Aber wenn ich lebe, lebt er vielleicht auch.«

Nun sind kaum Patienten in diesem Saal. Alles wirkt hell und
freundlich und frisch. Die meisten Menschen, die hier lagen, haben

überlebt. Die meisten von ihnen haben jemanden verloren, Brüder, Schwestern, Kinder oder Eltern, Freundinnen und Verlobte. In fünf Tagen ist der erste Jahrestag. In fünf Tagen werden die Toten zurück sein, im Gedenken an Gräbern auf der ganzen Welt, in diesem Saal und am Meer. Ich denke daran, wie man sie willkommen heißen wird. Ich denke daran, dass es wahrscheinlich keinen anderen Tag gibt, der die Welt so vereint, in Trauer, wie der Tag des Tsunamis.

Nach unserem Abstecher ins Krankenhaus machen wir uns auf den Weg an die Küste, nach Khao Lak. Die Fahrt scheint mir länger zu dauern als vor einem Jahr. Irgendwann sehen wir auf der linken Seite das Meer. Ich bin seit einem Jahr nicht mehr am Wasser gewesen. Nach dem Meer kommen die Urwaldhügel, durch die man fährt, bevor es runter geht in die Bucht von Khao Lak. Rechts der Straße liegt das Patrouillenboot der thailändischen Marine auf einer Wiese, eingewachsen in der schnell wuchernden Vegetation der Tropen, als wäre es schon immer dagewesen.

Wir fahren durch Khao Lak. Eine Brachlandschaft, in der Bagger stehen. Hotelruinen, graue, sumpfige Felder, wo früher Palmen waren. Wir kurbeln die Fenster runter, da ist nur der frische Geruch der See. Kurz hinter dem Ort bitten wir unseren Fahrer zu halten. Wir sind an dem Tempel, in den nach dem Tsunami die Toten gebracht worden waren. Wir parken auf einer Wiese vor dem kleinen Krematorium, das zum Tempel gehört, und gehen die letzten Meter zu Fuß. Flache Häuser mit offenen Wandelgängen rahmen einen großen Innenhof ein. Im Innenhof stehen noch immer die Mangobäume. Kahlgeschorene Mönche gehen in ihren safranfarbenen Tunikas durch den Hof. Unter einem der Mangobäume spielen Hundewelpen. Am schwärzlichen, abgestorben wirkenden Boden kann man noch erkennen, was hier passiert ist. Sonst gibt es keine

Spuren mehr. Ich setze mich auf die Stufen eines Hauses, sehe den Hunden zu und denke an einen Morgen vor einem Jahr. Daran, wie Menschen in Badehosen und Bikinis, mit Handtüchern und Beachball-Schlägern zum Strand gehen, wie Fischer ihre Boote vertäuen und Kinder zwischen den Hütten der Dörfer laufen. Ich versuche, sie mir alle so vorzustellen und nicht so, wie ich sie gesehen habe. Ich versuche, mich von meinen Bildern zu befreien. Ich versuche, mein Gefühl wiederzufinden.

Das Jahr nach dem Tsunami hat mich seltsam unberührt gelassen. An einem Morgen drei Monate nach dem Tod des Papstes sprengten Terroristen in London mehrere U-Bahn-Waggons und einen Bus in die Luft. 52 Menschen starben auf dem Weg zur Arbeit. Ich muss daran denken, wie ich in der Nähe des Buswracks mit einer jungen Frau spreche. Ihr Freund ist in dem Bus gestorben. Sie erzählt ein paar Sätze, zeigt auf das Wrack, dann fängt sie fürchterlich an zu weinen. »I'm sorry«, nuschele ich schnell und gehe weg. Menschen sterben, Menschen trauern. Schmerz, Verzweiflung – ich bin hilflos. Man braucht ein bisschen Hoffnung, um den Geschichten dieser Menschen zuzuhören. Diese Hoffnung, dass es weitergeht, dass wieder etwas wachsen wird, fehlt mir seit dem Tsunami. Zu Hause liegt noch immer der Plastiksack mit dem Hemd und der Hose, die ich in diesem Tempel getragen habe. Ich nehme mir vor, die Sachen endlich wegzuwerfen, wenn ich wieder in Deutschland bin.

Von den Geschichten, die in den Monaten nach Thailand kamen, habe ich kaum Notizen. Ich weiß es nicht mehr genau, aber ich glaube, mir schien in dieser Zeit nichts wichtig genug, um es aufzuschreiben.

Am Nachmittag gehen wir runter zum Meer. Der Weg dorthin führt vorbei an zerstörten Bungalows und Surfschulen, in denen noch immer zerbrochene Bretter liegen.

Das Wasser ist blau und glatt, der Sand wieder weiß und fein. Die Trümmer, mit denen das Meer vor einem Jahr die Küste übersät hat, hat es sich längst zurückgeholt und auf seinen Grund sinken lassen, neuen Sand angespült und alle Spuren weggewaschen.

Ich ziehe die Schuhe aus und gehe in die Brandung, die meine Knöchel in kleinen, sanften Wellen umspült. Ich mache einen Spaziergang durch das warme Wasser der flachen Bucht. Vor und hinter mir sehe ich die grünen Hügel, die diesen malerischen Ort zu einer Falle machten, als sich der Tsunami zwischen ihnen auftürmte. Nach einigen hundert Metern sehe ich ein großes Herz, das in den Sand gemalt ist. »Carla« steht in dem Herz. An der Stelle bleibe ich eine Weile stehen, bis eine Reihe niedriger Wellen den Namen wegwischt.

Der Strand von Khao Lak ist in diesen Tagen eine Gedenkstätte. Ich gehe vorbei an einer Frau, 23, 24 vielleicht, die allein in den Ausläufern der Brandung sitzt. In der Hand hält sie einen Blütenkranz. Sie zupft einzelne Blätter ab und wirft sie ins Meer. Weiter draußen sehe ich ein paar Menschen schwimmen. Ich kann sie nicht fragen, aber ich ahne, warum sie hier sind. Wir sind alle hier, um Ruhe zu finden.

Ich muss an einen Mann denken, der vor einem Jahr an dieser Stelle aus dem Wasser getrottet kam. Das Wasser war damals noch voller Trümmer, braun und aufgewühlt. Der Mann sagte mir, er sei noch einmal mit seinem Bruder schwimmen gewesen. Dort, wo er und seine Frau gestorben seien. »Das musste einfach sein. Jetzt kann ich mich damit abfinden, was passiert ist. Ich werde mich um ihre Tochter kümmern.«

Im Schatten einiger Palmen, die weiter oben an der Böschung stehen geblieben sind, liegt ein Ehepaar. Zwischen den beiden schläft ein Baby auf einer Decke. Das Baby ist erst ein paar Monate alt. Ich überlege kurz, dann gehe ich zu ihnen und frage, ob sie auch wegen des Jahrestags hier seien.

Die beiden kommen aus Schweden. Ja, erzählen sie mir, sie seien vor einem Jahr auch hier gewesen.

»Unser Sohn ist hier gestorben«, sagt die Frau. Dann zeigt sie auf das schlafende Mädchen und sagt einen Satz, in dem für mich all die Kraft ist, mit der Menschen trauern: »Wir wollten, dass sie ihren Bruder kennenlernt.«

Seit einem Jahr sind das die ersten Worte, die mich berühren.

Wir reden noch einen Moment und wünschen uns alles Gute, bevor ich weitergehe. Als ich mich noch einmal umdrehe, sehe ich, wie die beiden sich über ihre neu geborene Tochter beugen. Die Lebenden und die Toten kommen zusammen in diesen Tagen. Sie teilen ihren Schmerz und finden neue Hoffnung.

4

Israel: Eine Frau kämpft um das Leben ihres Mannes

Später Juli 2006, ein weiß getünchtes Haus in Naharija, Nordisrael. Das Meer ist so nah, dass ich es rauschen höre. Palmen umstehen das Haus, sie werfen ihre Schatten durch die Fenster. Im Wohnzimmer sitzen Karnit Goldwasser, ihr Schwiegervater Shlomo und dessen Mutter. Eine alte, schwerhörige Frau, die mich schon seit einer guten Stunde mustert. Von Zeit zu Zeit lächle ich ihr zu, aber sie erwidert das Lächeln nicht. Sie sieht mich an mit einer seltsam stoischen, zurückhaltenden Neugierde. Dabei knetet sie ihre alten, faltigen Hände. Wenn ich spreche, beugt sie sich nach vorn, als wollte sie meine Stimme prüfen.

Karnit Goldwasser ist die Frau eines israelischen Soldaten, der eine Woche zuvor von Terroristen der libanesischen Hisbollah entführt worden ist. Sein Name ist Ehud Goldwasser, Reservist der israelischen Armee. Um ihn und einen weiteren Soldaten zu befreien, ist die israelische Armee wenige Stunden nach der Entführung in den Südlibanon eingerückt. Seit nunmehr einer Woche feuern israelische Artilleriebatterien auf Hisbollah-Stellungen im Südlibanon, die Hisbollah schießt täglich über 200 Raketen auf Israel ab. In diesem Haus am Meer hören wir das kontinuierliche Dadumm der israelischen Artillerie und alle fünfzehn, zwanzig Minuten heulen die Luftschutzsirenen auf, wenn wieder eine Salve Hisbollah-Raketen heranfliegt. Niemand im Haus flüchtet während der Angriffe in den Keller. »Es wird dieselbe Familie nicht zwei Mal treffen«, sagt Karnit. »Soviel Pech kann niemand haben.« Dann kommen die dröhnenden Einschläge der Katjuscha-Raketen, nicht weit vom Haus entfernt. Zwischen Alarm und Einschlag liegen höchstens 45 Sekunden.

Karnits Mann Ehud war auf der letzten Patrouille seiner Reservistenzeit. Gleich anschließend wollte er nach Hause fahren. Seine Tasche wartete gepackt in der Kaserne. »Ich stand am Herd und

habe für ihn gekocht«, erzählt Karnit. »Plötzlich wurde das Radio-
programm unterbrochen. Ein Nachrichtensprecher sagte, dass im
Norden zwei Soldaten entführt worden sind. Ich habe sofort Ehuds
Handynummer gewählt, aber er ging nicht ran. Ich habe nur gedacht: ›Oh, Gott, bitte nicht er, bitte nicht er.‹ Ich habe ihm eine
SMS geschrieben, ›Ich koche für Dich. Bitte sag, dass alles in Ordnung ist.‹ Wenig später hat es an der Tür geklingelt und da standen
zwei Männer in Uniform. Da wusste ich, dass er einer der entführten Soldaten war.«

Glauben Sie, dass er bald wieder zu Hause ist?, frage ich.

»Ja, natürlich. Er ist stark. Unsere Armee ist stark. Ich will nicht,
dass Menschen sterben in diesem Krieg. Aber noch wichtiger ist
mir, dass ich meinen Mann zurückbekomme. Ich weiß, dass er bald
wieder bei mir ist.«

Ehud Goldwassers Jeep rollte an jenem Morgen des 12. Juli auf
israelischem Territorium, als Hisbollah-Kämpfer mit Panzerfäusten
und Kalaschnikows von mehreren Seiten angriffen. Sie töteten fünf
Soldaten und verschleppten Goldwasser und seinen Kameraden
Eldad Regev.

Ich schreibe Karnits Worte gerade in mein Notizbuch, als sich die
alte Frau auf dem Sofa aufrichtet und auf Deutsch sagt: »Kennen Sie
Essen? Ich bin in Essen geboren.«

Sie spricht mit jiddischem Akzent. Ihr e klingt wie ein i. Das
kurze i spricht sie lang.

»Ja«, sage ich. »Essen kenne ich.«

»Wie ist es da heute?«, fragt sie. »Ich bin nie wieder da gewesen.«

»Schön«, antworte ich. »Nicht mehr so viel Industrie wie früher.«

Es ist eine dieser bizarren Situationen, wie es sie nur in Israel geben kann. Als Deutscher sitze ich im Haus einer Holocaust-Über-
lebenden, deren Enkel gerade von radikalen Israel-Hassern entführt

worden ist, und rede mit ihr über ihre deutsche Geburtsstadt, in die sie nie zurückgekehrt ist.

»Ja, das habe ich auch schon gehört«, sagt die Frau und nickt zufrieden.

Ich denke daran, wie ich einmal im Winter vor einigen Jahren in das Vernichtungslager Auschwitz-Birkenau gefahren bin. Wie der Bus, der uns dorthin brachte, auf einmal zu ruckeln anfing, als er über die Eisenbahngleise fuhr. An dieses Ruckeln muss ich nun denken und daran, was es für die Frau wohl bedeutet, Deutsch zu sprechen und Deutsch zu hören. Ich glaube, man muss so etwas erlebt haben, um zu verstehen oder auch nur zu erahnen, warum Israel niemals besonnen auf einen Angriff reagieren wird. Die Menschen in diesem Land werden immer so reagieren, als ginge es darum, sich vor der Vernichtung zu retten. Sie werden immer so hart zurückschlagen wie sie können, mal mit strategischer Brillanz und bisweilen, wie in diesem Krieg, planlos und ungeordnet. Und nie wieder werden sie zulassen, dass sie irgendjemand für ein leichtes Opfer hält. Die Israelis erinnern mich manchmal an eine Frau, die vergewaltigt worden ist, sie werden immer von der absurden Idee geplagt sein, nicht laut genug »Nein« gesagt zu haben.

In den kommenden Tagen werde ich immer wieder junge Männer sehen, die in olivgrüner Uniform an Bushaltestellen stehen und auf ihren Bus an die Front warten. Viele stehen da mit ihren Müttern. Die Mütter halten kleine Pakete mit Sandwiches, die sie für ihre Söhne geschmiert haben. In vielen Gesichtern sehe ich das tapfere Zucken von Menschen, die krampfhaft versuchen nicht zu weinen. Die jungen Männer hingegen stehen da mit einer Entschlossenheit, die all denen nur fremd bleiben kann, die noch nie ihr Leben verteidigen mussten. Diese jungen Männer sind aus den Sommerferien in die Armee einberufen worden. Sie kommen von

den Stränden und ziehen in den Krieg. Und sie erinnern mich an
etwas, was der legendäre Kriegsreporter Ernie Pyle über die US-Soldaten im Zweiten Weltkrieg geschrieben hat: »Alles in dieser Welt
hat aufgehört zu sein, nur nicht der Krieg. Und wir alle sind nun
Männer mit neuen Berufen, die in einer seltsamen Nacht aufeinander aufpassen.«

Während ich schreibe, liegt dieser Nachmittag in Naharija schon
über zwei Jahre zurück. Ehud Goldwasser ist tot. Seine Frau Karnit
und seine Eltern haben erst vor ein paar Tagen die Leiche ihres Mannes, ihres Sohnes zurückbekommen, nach zwei Jahren der Ungewissheit. Ich würde sagen, dass sie meine Freunde geworden sind.
Ich habe sie seit der Entführung regelmäßig besucht und werde
noch mehr über sie schreiben. Ich habe zwei Jahre lang gesehen, wie
sie das erleben, was Ehuds Großmutter vor über 60 Jahren in
Deutschland erlebt hat: die Ungewissheit, die Angst, die Hoffnung,
die man jeden Tag mühsam wiederbeleben muss. Das Leben in einer
Zwischenwelt.

Während ich schreibe, muss ich auch an die Worte denken, die
Ehuds Großmutter über ihren Enkel sagte, als wir uns verabschie-
deten: »Wenn er den Angriff überlebt hat, dann wird er auch die
Gefangenschaft überleben. Menschen haben sogar KZs überlebt.«

Als sie das sagte, habe ich verstanden, was so faszinierend ist am
Krieg: Wenn man Menschen nahe kommt, dann kommt man ihnen
näher als jemals im Frieden.

Früh am nächsten Morgen fahren mein Fotograf Andreas Thelen
und ich mit einem Taxi Richtung Nordgrenze, an die Front. Es ist
heiß draußen, wir haben die Fenster runtergekurbelt, rauchen im
Fahrtwind und hören Musik aus dem Radio. Auf den Feldern und

in den Hügeln links und rechts der Straße schlagen immer wieder Katjuscha-Raketen ein, Rauch steigt aus den Feldern auf, erst schwarz und dann weiß, wenn die harzigen Bäume Feuer fangen. Im Radio läuft »Knockin' on Heaven's Door«. Unser Fahrer Gideon gibt Vollgas, weil die Straßen leer sind und man so das Gefühl hat, ein schlechteres Ziel für die Raketen abzugeben. Doch die Wahrheit dieser Tage ist, dass die Raketen jeden treffen können, fahrende Autos genauso wie parkende. Sie fallen ohne programmiertes Ziel vom Himmel, auf Häuser, Schulen, Straßen, Restaurants, Spielplätze, Kasernen und Fabriken. Vorgestern ist ein Mann gestorben, als eine Rakete in sein Wohnzimmer einschlug. Er saß vor dem Fernseher. Gestern ist eine Frau gestorben, weil sie mit ihrem Auto in den Wagen vor ihr raste. Der Fahrer hatte gebremst, als ein paar Meter die Straße rauf eine Katjuscha explodiert war. Es ist eine Kriegslotterie. Man hat Glück und lebt, man hat Pech und ist tot.

Irgendwie ist es ein berauschendes Gefühl, durch diese Landschaft zu fahren. Rechts von uns glitzert der See Genezareth, in die sanften Hügel betten sich Mandel-, Orangen-, Oliven-Plantagen und der klare Himmel liefert die rollende Tonkulisse des Krieges. Man fährt und weiß nicht, ob man sich von den nächsten Einschlägen fort oder auf sie zu bewegt. Im Radio hören wir, dass in Kyriat Schamona, direkt an der Grenze, eine Rakete vor wenigen Minuten elf Soldaten zerrissen hat. Dort fahren wir gerade hin. Man fühlt sich im Krieg oft sehr lebendig.

Kurz vor Kyriat Schamona sehen wir die Spuren von Panzerketten im Asphalt. Wir wenden Richtung Westen und folgen den Panzerspuren für viele Kilometer, bis wir nach Za'it kommen, ein grüner Hügel, auf dem die Grenze zwischen Israel und dem Libanon verläuft. Eine breite Straße, die durch eine Apfelbaum-Plantage schneidet und sich dann in den Libanon hineinwindet. An der Umzäu-

nung der Plantage hängen gelbe Warnschilder: »Danger! Mines!«
Entlang der Straße, im Schatten von Pinien, liegen Hunderte israelische Soldaten und dösen in der Mittagshitze. Ein paar Meter weiter stehen ihre schweren Merkava-Panzer.

Die Soldaten warten auf ihren Marschbefehl. Sie sollen ein Dorf
auf der anderen Seite der Grenze einnehmen, in dem sich Hisbollah-Kämpfer verschanzt haben. Ihre Gesichter haben sie mit Tarn-
farben geschminkt. Die jungen Männer, die hier lagern, sind noch
nie im Krieg gewesen. Sie warten auf ihren ersten Kampfeinsatz.
Manche von ihnen spielen Karten, andere reinigen ihre Waffen,
einige telefonieren per Handy mit ihren Familien. Sie sind jünger
als ich, 20, 21, 22 Jahre. Sie haben das perfekte Alter für den Krieg.
Zu alt, um albern zu sein. Zu jung, um sich schwere Gedanken über
die Zukunft zu machen. Sie sind in einem Alter, in dem man nicht
so genau nachfragt, wofür man sein Leben riskieren soll. Solche
jungen Gesichter vor einem Kampf sind etwas Faszinierendes. Man
kann so unendlich viel darin ablesen wie auf einem Schulhof. Man
sieht, wer der Stärkste ist, um wen sich die meisten Soldaten scha-
ren. Man sieht, wer über die Witze, die gerissen werden, besonders
laut lacht, zu laut, als wollte er vergessen, was ihm bevorsteht. Man
sieht, wer die stillen, nachdenklichen Typen sind. Man sieht, wer
dunkle Vorahnungen hat. Und man sieht, wer es kaum erwarten
kann, in den Krieg zu ziehen. Man sieht, wer töten will und wer
Angst vor dem Tod hat. Ich sehe mir diese Gesichter an und frage
mich, wer wohl auf seinen Füßen zurückkommen wird und wer auf
einer Trage. Junge Menschen, die sich für den Krieg bereit machen,
haben eine seltsame Aura. Sie sind auch in dieser Zwischenwelt, in
der man sein Leben schon abgegeben hat; all das, was Menschen
ausmacht: Pläne, Sehnsüchte, Sorgen, Liebe, Furcht. In diesem
Moment existieren sie nur noch für ihre Aufgabe, konzentriert und

(mehr oder weniger) entschlossen, und die einzige menschliche Beziehung, die da ist, ist diese unbändige Freundschaft unter Soldaten. Das Versprechen, aufeinander aufzupassen.

»Kameradschaft« nennt man diese besondere Freundschaft auf Deutsch. Aber das ist ein viel zu hartes Wort für das, was ich unter Soldaten erlebt habe. Ihre Freundschaft ist nur vordergründig hart. Eigentlich ist diese Freundschaft im Krieg still, sanft und voller Zuneigung. Es klingt absurd, aber wenn es nur noch um Leben oder Tod geht, verleiht das Menschen eine erstaunliche Leichtigkeit. Sie sind frei von Rechnungen, Klausuren, all den Mühen des Erwachsenwerdens. In diesem Moment beneide ich die jungen Männer so sehr wie ich sie bedauere. Ich habe das Bedürfnis, so lange wie möglich bei ihnen zu sein und ihre Geschichten zu hören. Vielleicht auch, weil einige dieser Geschichten sich nun langsam ihrem Ende nähern.

Ich setze mich zu einer Gruppe von Soldaten in den Schatten der Bäume. Der Boden ist warm und weich von Nadeln und Blättern. Weit über uns pfeifen die Artillerie-Granaten Richtung Libanon, deutlich tiefer fliegen die Kugeln der Maschinengewehrsalven, die von drüben auf diese Frontstellung abgeschossen werden.

Die meisten der Soldaten kommen aus Haifa. Sie kennen sich vom Grundwehrdienst, der in Israel drei Jahre dauert. Einige von ihnen waren schon zusammen im Gaza-Streifen. Ein junger Kerl, der Kobi heißt, erzählt mir, dass er bis vor wenigen Tagen noch lange Haare trug.

»Die habe ich mir abrasieren lassen, als wir einberufen wurden. Wachsen auch wieder nach«, sagt er.

»Warum seid Ihr hier?«, frage ich.

»Um uns und unsere Familien zu verteidigen. Das könnt Ihr nicht verstehen.«

»Hasst Du die Hisbollah-Kämpfer?«, frage ich Kobi.

»Ich hasse niemanden. Ich weiß, dass die von der Hisbollah nichts dafür können, woher sie kommen und wie sie erzogen wurden. Jeder kämpft für das, was er kennt. Wären sie hier geboren, würden sie mit uns kämpfen. Ich hab nichts persönlich gegen sie. Aber sie haben uns angegriffen, und wenn ich einen von denen sehe, werde ich ihn töten.«

»Hast Du schon mal getötet?«

»Nein. Aber ich habe dafür trainiert.«

»Glaubst Du, dass es Dich verändern würde?«

»Weiß ich nicht.«

»Weißt Du, was ihn mit Sicherheit verändern würde?«, sagt ein anderer Soldat. »Eine Kugel im Kopf.«

Die Männer lachen so selbstsicher, wie man nur lacht, wenn man jung ist und ein Gewehr in der Hand hat.

»Müsst Ihr in Deutschland in die Armee?«, fragt mich einer der Männer.

»Nein, müssen wir nicht mehr«, sage ich. »Man kann auch ein soziales Jahr machen, Alten, Kranken, Kindern helfen.«

»Siehst Du, und wir können unseren Familien am besten helfen, indem wir sie beschützen«, sagt der Soldat. »Schreib, dass wir alle keine Lust auf Krieg haben. Dass wir am liebsten unsere Ruhe wollen. Ich arbeite in einem Club in Tel Aviv und studiere. Ich kann mir auch was Schöneres vorstellen, als hier gegen diese Irren zu kämpfen. Weißt Du, was ich jetzt machen würde, wenn nicht Krieg wäre? Ich würde in Tel Aviv am Strand Beachvolleyball spielen.«

»Ja«, sagt ein anderer. »Und die JAPs würden uns zugucken. Weißt Du, was die JAPs sind?«

»Nein.«

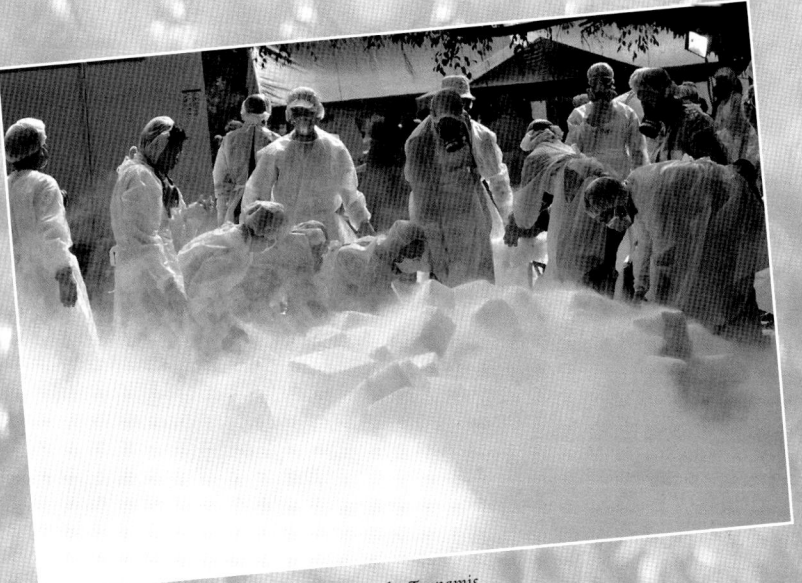

Gespenstischer Anblick. Helfer kühlen die Toten des Tsunamis mit Trockeneis. Nebel wabert zwischen den Körpern.
© Andreas Thelen

Tausende Tote, von denen viele nicht mehr identifiziert
werden konnten. In den Tagen nach dem Tsunami liegen sie
in offenen Särgen in den buddhistischen Tempeln Phukets.
© Till Budde

Ein junger Amerikaner, dessen Freundin in der Todeswelle umkam. Auf einem Pick-up begleitet er den provisorischen Sarg zum Flughafen.
© Andreas Thelen

Das Flüchtlingslager Frachana (Tschad) an der Grenze
zu Darfur. Über 20 000 Menschen haben hier Schutz vor dem
Völkermord in ihrer Heimat gesucht.
© Till Budde

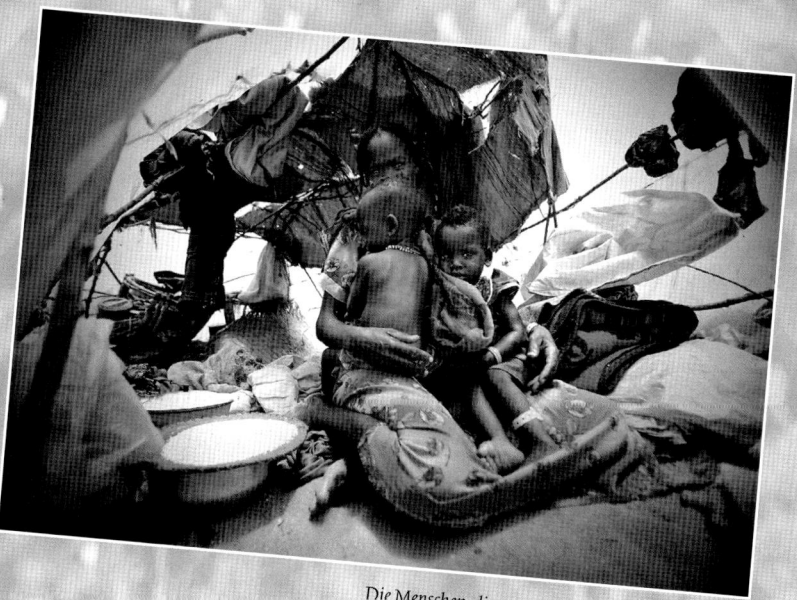

Die Menschen, die aus Darfur (Sudan) geflüchtet sind, hausen in Unterständen, die sie sich aus Ästen und Planen bauen.
© Till Budde

Im Flüchtlingslager Frachana gebe ich einem Kind
Wasser zu trinken.
© Till Budde

Zurück aus dem Krieg. Israelische Soldaten kehren nach Gefechten mit der Hisbollah aus dem Libanon zurück.
© Andreas Thelen

Kampfpause. Ein israelischer Soldat raucht in
einer Stellung nahe der libanesischen Grenze.
© Andreas Thelen

Mehrere Male interviewte ich Karnit Goldwasser.
Erst zwei Jahre, nachdem ihr Mann von Terroristen
verschleppt worden war, erfuhr sie, dass er die
Entführung nicht überlebt hatte.
© Andreas Thelen

Moment zwischen Leben und Tod im Irak. US-Soldaten
bringen den schwer verwundeten Gefreiten William O'Brien
ins Militärlazarett von Bagdad.
© Till Budde

Unterwegs mit Soldaten. Im Herbst 2007 begleitete ich amerikanische Fallschirmjäger der »82nd Airborne« bei ihren Einsätzen in Afghanistan.
© Till Budde

Der andere Irak. Captain Ben Walker, ein amerikanischer
Soldat, hat seine Schutzweste abgelegt und springt mit einem
Salto in einen kleinen Fluss nördlich von Bagdad.
© Till Budde

Blutiger Alltag. Ein US-Soldat ist mit seinem gepanzerten Fahrzeug auf eine Mine gefahren. Die Sprengladung hat ihm die Beine weggerissen. Sanitäter bringen den Verwundeten ins Lazarett von Bagdad.

© Till Budde

Szenen der Besatzung. Während einer Razzia in einem Haus in Bagdad bewacht ein US-Soldat eine irakische Familie.
© Till Budde

Mit irakischen Kindern spiele ich Fußball
in den Straßen von Bagdad.
© Till Budde

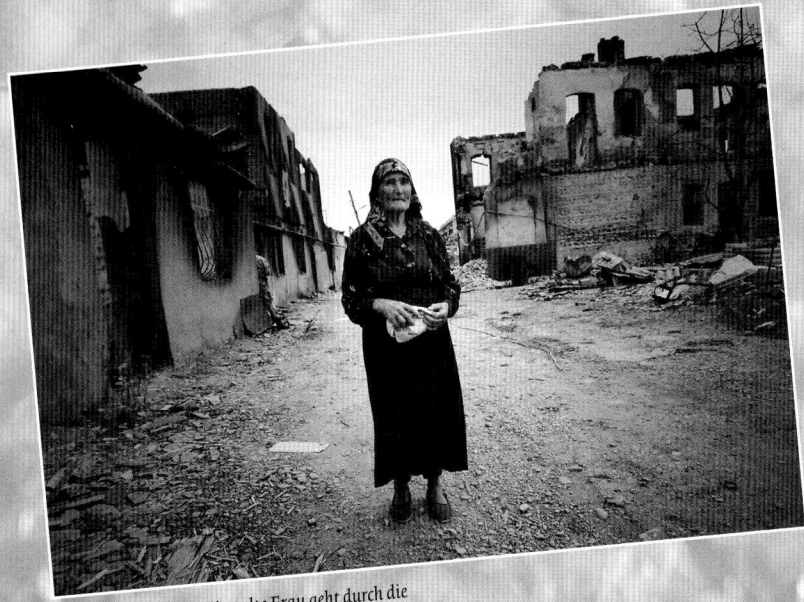

Sinnlose Zerstörung. Eine alte Frau geht durch die
Trümmer der Stadt Tskhinvali (Süd-Ossetien), die bei
Kämpfen zwischen georgischen und russischen Truppen
schwer getroffen wurde.
© Till Budde

»Jewish American Princesses, Mann. Die haben jetzt nämlich Sommerferien in den USA und besuchen ihre Familien in Tel Aviv. Und in Tel Aviv kriegen sie nicht mit, was hier im Norden los ist. Die machen sich eine gute Zeit – und wir können nicht dabei sein und, na ja ...« Er schiebt die Hüften nach vorn und die anderen lachen.

Wir sitzen noch lange in der Sonne. Wir reden über die Fußball-WM, die in Deutschland gerade zu Ende gegangen ist.

»Als Ihr im Halbfinale gegen Italien gespielt habt, hatten wir hier einen Scherz«, erzählt mir einer der Soldaten. »Wir haben gesagt: ›Für wen bist Du? Für die Nazis oder die Faschisten?‹«

Wir reden darüber, ob die Frauen in Israel oder Deutschland hübscher sind. Die Jungs fragen mich, wie es in Berlin ist. Ob es wirklich so viele Bars gebe, wie sie gehört haben. Sie fragen, ob es als Israeli leicht sei, ein deutsches Mädchen abzuschleppen. »Aus Versöhnungsgründen«, sagt einer und wieder lachen wir. Wir sprechen über alles, nur nicht über den Krieg, der einen Kilometer entfernt ist, am Fuße des Hügels, auf dem wir sitzen. Man muss als Reporter Soldaten nicht nach dem Tod fragen, der kommt von ganz alleine.

Wir reden, bis der Hauptmann der Einheit auftaucht. Ein Mann um die dreißig. Er trägt Stiefel aus poliertem, rötlich glänzendem Leder. Er bittet mich zu gehen, weil er mit seinen Soldaten den anstehenden Einsatz besprechen will. Ich sage »Behatzlach«, was soviel heißt wie »Viel Erfolg«, stehe auf und gehe. Eine Stunde später sehe ich, wie die Männer in einer Kolonne abmarschieren. Ich folge ihnen bis drei, vier Meter hinter die Grenze. Von dort aus kann ich das Dorf sehen, in das sie aufbrechen. Von den Häusern da sind nach dem Artilleriebeschuss nur noch Ruinen übrig. In den Ruinen lauern angeblich Scharfschützen. Hier ist kein guter Ort, um zu lange stehen zu bleiben. Deshalb kehre ich um, setze mich in den Schatten und warte. Warte, bis sie wiederkommen.

Während ich in Deckung warte und mir die Zeit damit vertreibe, einen Text zu schreiben und in die Redaktion zu schicken, klingelt mein Telefon. Am anderen Ende ist die Mitarbeiterin einer PR-Agentur. Sie fragt mich, ob ich dieses Jahr bei der großen Party »MS Europa meets Sansibar« auf Sylt dabei sein möchte.

»Das werde ich wohl leider nicht schaffen«, sage ich.

Wenn ich in Krisengebieten unterwegs bin, kommen solche Anrufe in bizarrer Regelmäßigkeit. In Thailand rief meine Bankberaterin an und wollte mich für ein neues Fonds-Spar-Modell begeistern. Einige Monate nach dem Libanon-Krieg, als mein Fotograf Andreas Thelen und ich gerade hinter einem Betonblock im Grenzübergang von Gaza kauern, weil wir in ein Gefecht zwischen israelischer Armee und Hamas geraten sind, ruft ein Hamburger Schneider an und fragt, wann ich meine Hemden abholen würde. Und wieder einige Monate später hocke ich mit amerikanischen Soldaten in Afghanistan im Schutz eines Humvees, als eine Frau aus einem Hamburger Küchengeschäft anruft und mir mitteilt, dass der von mir bestellte Wetzstahl nun endlich da sei. Manchmal habe ich schon das Gefühl, diese Anrufe sollten mich daran erinnern, dass es noch eine andere Welt gibt. Eine Welt, in der Menschen auf mich warten. Das sind die Momente, in denen ich realisiere, dass ich freiwillig an diesen Orten bin, dass ich ein Rückflugticket habe und jederzeit abhauen kann und nicht mehr zu fürchten habe, als ein bisschen Kollegenspott. Manchmal ist das ein befreiender Gedanke, aber meistens fühle ich mich schuldig dafür, als Verräter.

Ich höre, wie drüben auf der anderen Seite der Grenze der Schlachtenlärm lauter wird. Ich höre das Tack-Tack-Tack der M16-Gewehre israelischer Soldaten, höre Mörsergranaten, die ganz in unserer

Nähe explodieren, höre, dass die Männer, mit denen ich eben noch saß, nun in ein Dorf eingedrungen sind. Ich nutze die Zeit, um Eindrücke der letzten Tage in mein Notizbuch zu schreiben. Es sind Eindrücke aus einem Land, das sich in Jahrzehnten des Krieges und der Bedrohung einen einmaligen Geist des Weiterlebens, Überlebens angeeignet hat. Hier sind sie:

– Ein Luftschutzkeller in der Touristenstadt Naharija, auf die schon Hunderte Raketen hagelten. Wir steigen die weiß getünchten Stufen hinab in einen Luftschutzkeller. Die Menschen begrüßen uns lächelnd: »Hi, how do you like our war so far?« Wie gefällt Euch unser Krieg bisher ...?

– An den wenigen Autos, die in den Straßen fahren, flattern israelische Fahnen – wie in Deutschland während der WM. Aber es ist nicht Fußball. Es ist Krieg.

– Als am Wochenende am späten Vormittag noch keine Raketen im Badeort Naharija eingeschlagen waren, sagte uns ein Polizist: »Vielleicht will sich (Hisbollah-Chef) Nasrallah einen ruhigen Tag an unserem Strand gönnen ...«

– Vor zwei Tagen baten wir unseren Fahrer, in einem Militärgeschäft nach Helmen für uns zu fragen. Doch diese waren längst ausverkauft. »Dann müsst Ihr Eure Köpfe wohl im Hotel lassen«, sagte er.

– Ein Ausflugslokal am Mittelmeer, direkt an der libanesischen Grenze. Acht Busse mit Touristen kamen im Frieden jeden Tag. Nun ist das Restaurant leer, die Stühle stehen auf den Tischen. »Kommt, ich zeig Euch was«, sagt der Besitzer und führt uns durch die Küche, einen langen Gang entlang. Er schließt eine Stahltür auf, wir treten auf eine kleine Terrasse. »Willkommen im Libanon. Ist es nicht schön hier?«, sagt er und zeigt auf das leuchtende Meer.

- Militär-Patrouille durch ein winziges Dorf an der Nordgrenze Israels. Blick auf grüne Berge und rauchende Stellungen der Hisbollah. Das Dorf ist evakuiert. Hühner gackern auf einem verlassenen Hof. Plötzlich kommt uns ein Auto entgegen, darin ein Mann Ende 70. »Was machen Sie noch hier?«, fragt einer der Soldaten. Der Mann im Jeep zeigt seine Pistole und antwortet: »Da drüben ist doch die Hisbollah. Ich bewache unser Dorf.« Der Soldat: »Wegen solcher Leute wie Ihnen haben wir ein Land!«

Es dämmert schon, als mehrere Krankenwagen durch unsere Stellung Richtung Grenze fahren. Aus dem Gebiet der Hisbollah kehren die Soldaten zurück, mit denen wir vorhin gesessen und geredet haben. Es hat Verwundete gegeben, einige davon sind schwer verletzt. Die Krankenwagen fahren den blutenden Männern entgegen. Wir dürfen nicht zur Grenze. Es gibt Bilder vom Krieg, die kein Land gerne gedruckt sieht. Mein Fotograf Andreas flucht und wartet am höchsten Punkt der Straße auf die zurückkommenden Soldaten. Ich stehe neben ihm. Es dauert nicht lange, bis die Männer auf uns zumarschieren. Der Schweiß hat die Tarnschminke in ihren Gesichtern verwischt. Es sind weniger Männer als vorhin, aber ich kann so schnell nicht erkennen, wer von ihnen fehlt.

Schon auf israelischer Seite halten sie ihre Gewehre noch immer angespannt im Anschlag. Sie wenden sich nach links und rechts und suchen instinktiv zwischen den Büschen und Bäumen. Ihre Augen sind aufgerissen, bei manchen Soldaten kann ich die pulsierende Halsschlagader erkennen. In ihren Gesichtern steht ein Horror, der nichts mit Heldengeschichten und Filmen zu tun hat.

Als ihnen der Hauptmann das Kommando gibt, lassen sie ihre Gewehre sinken und bilden einen Kreis. Sie umarmen sich wie eine Fußballmannschaft. Ich höre den Offizier leise reden. Er entlässt seine Soldaten, die jungen Männer trotten auseinander und setzen sich wieder zwischen den Bäumen nieder. Sie starren vor sich hin. Sie haben mehrere Stunden Häuserkampf hinter sich. Sie haben ein paar ihrer Freunde zurückgetragen, ob tot oder verwundet, weiß ich nicht. Ich gehe zu ihnen, aber niemand will sprechen. Ich setze mich zu ihnen. Einer der Soldaten fragt mich nach einer Zigarette. Wir rauchen, schweigen, das ist alles.

Es ist schwer zu sagen, warum Soldaten kämpfen. Patriotismus ist die einfachste Erklärung, aber auch die ungenaueste. Manche kämpfen für ihr Land, manche, um sich etwas zu beweisen. Manche kämpfen, weil ihre Väter schon gekämpft haben. Andere, weil sie das Adrenalin des Krieges lieben. Eines aber haben alle Soldaten gemeinsam: Sie kämpfen für den Mann neben sich. Und es gibt für sie keine größere Niederlage, als diesen Mann fallen zu sehen. Sie mögen das nur einmal erlebt haben, aber es macht unwiderruflich andere Menschen aus ihnen.

Es ist immer leicht, über die Politik eines Krieges zu reden, solange man sich dafür nicht beschießen lassen muss. Die jungen Männer, die in die Kriege dieser Welt ziehen, kennen ihre Anführer in den meisten Fällen genauso wenig wie deren Motive. Trotzdem gehen sie. Weil sie müssen und weil es Leute gibt, die sie nicht im Stich lassen wollen. Aber der Preis, den sie dafür zahlen, ist höher, als man es sich im Frieden auch nur vorstellen kann. Die Männer, die ich an diesem frühen Abend sehe, haben innerhalb von Stunden alles verloren, was das Jungsein so wunderbar macht. Ihre Gesichter sind hart und voller Entsetzen. Keine Jugend ist darin übrig, keine Sensibilität, keine Milde, keine Neugierde, kein Leuchten. Diese Männer sitzen unter den Bäumen, manche von ihnen zitternd, manche völlig reglos. Zwei Soldaten halten sich weinend im Arm. Sie alle können nicht mehr zurück.

Genau ein Jahr später werde ich in Tel Aviv einen jungen Mann auf der Straße treffen, der an einem Stand Flugblätter für die beiden entführten israelischen Soldaten verteilt. Wir unterhalten uns eine Weile über die Kameraden, die noch immer in den Händen der Hisbollah sind, über den Krieg und er erzählt mir, dass er an jenem Ort, bei Za'rit, mit seiner Einheit in den Libanon marschiert ist. »Ich träume jede Nacht davon«, sagt er. »Was wir da erlebt haben, geht mir nicht mehr aus dem Kopf. Ich wache schreiend auf, schlafe wieder ein, wache wieder schreiend auf. Aber das ist gar nicht das Schlimmste. Das Schlimmste ist, dass ich für keinen Menschen so viel empfinden kann wie für die Jungs, mit denen ich im Krieg war. Nicht für meine Eltern, nicht für meine Schwester, nicht für meine Freundin. Ich liebe sie irgendwie. Aber sie sind mir nicht so nahe wie die, mit denen ich gekämpft habe. Meine Fähigkeit, einen Menschen wahrhaftig zu lieben, ist weg.«

Ich glaube nicht, dass es im Krieg wirklich Überlebende gibt. Es gibt Körper, die das überleben, aber keine Menschen mit unversehrter Seele.

Irgendwann, als es schon dunkel ist, brechen wir auf. »Take care of yourselves, guys«, sage ich zu den Soldaten. »Ich hoffe, wir sehen uns morgen.« Zwei oder drei der Jungs nicken mir zu. Einer schenkt mir eine Mütze mit dem Wappen seiner Einheit. All die anderen sind ganz mit sich beschäftigt. Sie sehen mich nicht. Ich frage mich, was sie wohl sehen.

In den USA nennt man Kriegsschauplätze »theater«, eine treffende Bezeichnung. Vor einer monströsen Kulisse, wie nur Menschen sie erschaffen können, folgen eine handvoll Schauspieler und viele, zahllose Statisten den Befehlen ihrer Regisseure. Und wenn das Stück vorbei ist, bleibt Ruhm nur für die wenigsten. Die meisten gehen nach Hause, ohne dass sich jemals jemand an ihre Gesichter erinnern wird.

Auf der Rückfahrt nach Haifa zu unserem Hotel frage ich den Fahrer Gideon, ob der Tag okay für ihn war. Er sagt, er habe erst Angst gehabt, an die Grenze zu fahren. »Aber jetzt bin ich froh, dass ich da gewesen bin. Es macht mich wirklich stolz, unsere Jungs da zu sehen. Ich war Panzermechaniker im ersten Libanonkrieg«, erzählt er. »Jede Generation in diesem Land muss in den Krieg. Das ist unser Schicksal.«

Der Überlebenskampf ist Teil der israelischen Identität und er formt besondere Menschen. Melancholisch, zynisch und zäh, mit unbändiger Lebenslust und scharfem Humor. Klar wie wahrscheinlich niemand sonst auf der Welt unterscheiden sie zwischen Freund und Feind. In Israel ist immer Krieg. Wenn nicht in den Hügeln, in den Ebenen oder in den Städten, dann in den Menschen.

Wir fahren Richtung Süden und hinter uns erhellt israelische Artillerie den Himmel wie Wetterleuchten. Soldaten zurückzulassen, fällt mir schwer. Ich habe immer die Erfahrung gemacht, dass sie ihr bisschen Leben – ihr Essen, ihre Zigaretten, ihre Decken, Feldbetten, ihre Zeit – bereitwillig teilen. Und dann abzuhauen, macht ihnen nur noch klarer, dass sie nicht weg können. Immer sagen Soldaten zum Abschied Sachen wie »Trink ein Bier für mich«, »Geh in der und der Stadt in mein Lieblingsrestaurant in der So-wieso-Straße«, »Feier für uns mit«, »Get laid for me«, »Rauch einen Joint für uns, wenn Du wieder zu Hause bist«, »Hau Dich in ein großes, weiches Hotelbett und denk an unsere scheiß Feldbetten«. Sie wollen, dass ich für sie das Leben berühre, weil es von ihnen so weit weg ist. Ich kenne keinen Soldaten, der nicht sofort nach Hause gehen würde, wenn er denn könnte.

Zurück in Haifa gehen Andreas und ich in die Bar unter unserem Hotel, bestellen Bier, Salat und Sandwichs. Wir sitzen auf der Terrasse und blicken von dort aus über die Bucht, den Hafen von Haifa, und am Horizont hebt sich die gebirgige Silhouette des Libanons vor dem schwarzen Himmel ab, wenn die explodierenden Granaten ihr weißes Licht darauf werfen. Es ist ein eigentümlich schönes Schauspiel.

Vor dieser theatralischen Kulisse haben alle amerikanischen Fernsehsender ihre Sendeplätze aufgebaut. Alle halbe Stunde machen die Reporter von hier aus ihre Aufsager für die Nachrichten. »As you can see behind me ...«

Zwischen den Aufsagern sitzen sie mit uns auf der Terrasse. Ihre Helfer bezahlen beschlagene Karaffen voller Stella-Bier mit 100-Dollar-Scheinen und verlangen kein Wechselgeld. Für Kriegseinsätze müssen viele US-Kollegen keine Spesenabrechnung vorlegen, nur aufschreiben, was sie ungefähr ausgegeben haben. Einer lässt sich zum Spaß eine Quittung ausstellen: »Just write a fuckin' bucket full of beer«, sagt er zum Barkeeper, der ihm dafür lachend und vom Trinkgeld berauscht auf die Schulter klopft. Wir sitzen bis tief in die Nacht und als irgendwann die Luftschutzsirenen losheulen, sagt der Barkeeper: »Ich kann dieses Geräusch nicht mehr ertragen. Warum können sie nicht wenigstens Mozart spielen?«

Nackte Betontreppen führen in den unterirdischen Bunker eines Hochhauses. Auf die Betontreppen sind gelbe Pfeile gemalt. Man steigt hinab in eine bedrückende Welt, wie es sie in Europa seit den Bombennächten des Zweiten Weltkriegs nicht mehr gibt. Jedes Wohnhaus, jeder Kindergarten, jedes Hotel, jedes Einkaufszentrum in Israel muss einen solchen Schutzraum haben. Wir wollen mit den Menschen sprechen, die seit Tagen in den Bunkern des Nordens ausharren. Wir sind nördlich von Naharija. Zwischen Alarm und Einschlag liegen hier meist weniger als zwanzig Sekunden. Es ist eine Ironie des Krieges, dass sich die Menschen vor Bomben und Raketen unter die Erde flüchten. Es gibt wohl keinen Ort, an dem man sich hilfloser, mehr ausgeliefert und gefangen fühlt, als in der Enge eines Bunkers.

Wir gehen durch eine weiße Stahltür. Der Raum ist vielleicht neun mal neun Meter groß. An der tiefen Decke hängen Neonröhren, die 24 Stunden am Tag dasselbe kalte, harte, flackernde Licht werfen. An den Wänden stehen Etagenbetten, Matten sind auf dem Boden ausgebreitet. Es riecht nach Essen, Schweiß, Diesel, Schlaf, zu vielen Menschen. In die Wände sind Gasfilter eingebaut, irgendwo dahinter summt die Klimaanlage.

Und überall sind Kinder. Sie liegen in den Betten, während ihre Eltern auf dem Boden sitzen. In manchen Betten liegt nur ein Kind, in den meisten sind es zwei. Dafür, dass es so viele sind, um die dreißig, ist es bedrückend still. Ein stiller Ort zehn Meter unter der Erde.

Es sind arme Familien, die hier ausharren. Russische Juden, die vor nicht langer Zeit nach Israel eingewandert sind und noch kein Hebräisch sprechen. Weil sie die Durchsagen und Warnungen im Radio und Fernsehen nicht verstehen, bleiben sie den ganzen Tag im Bunker. Ihre Kinder scheinen in eine Art Starre verfallen zu sein. Andreas fotografiert einen Jungen, der im Unterhemd auf seinem Bett sitzt und malt. Auf seinem Bild sehen wir Sonne, Palmen, ein Haus und darüber eine heranfliegende Rakete. Der Junge malt gerade den blauen Himmel. Er hält seinen Buntstift in der verkrampften Hand, bewegt die Hand stumpf und abwesend hin und her, hin und her.

Ich frage mich immer, wie die Angst der Kinder vor dem Krieg in ihrem Inneren aussieht. Die Eltern erzählen mir an diesem Vormittag, dass sie um ihre bescheidene Existenz fürchten. Sie haben Angst, dass ihre Wohnung zerstört wird, dass eine Rakete ihre wenigen Möbel, ihren Fernseher, ihr Zuhause zerreißt. Sie wissen, dass ihr Leben hier unten im Bunker einigermaßen sicher ist. Einige erzählen mir, dass sie Söhne im Krieg haben, und natürlich haben sie Angst um sie. Ihre Angst besteht aus den vielen Bildern, die sie aus dem Fernsehen und vielleicht aus Erzählungen kennen. Ein Offizier klingelt und überbringt die Todesnachricht. Sie stehen am Grab, in dem ihr Sohn beerdigt wird. Sie kommen zurück in eine Wohnung, von der nur noch Trümmer übrig sind ...

Aber woraus besteht die Angst der Kinder, die diese Bilder noch nicht kennen? Was fürchten sie am Krieg? Die schrecklichen Geräusche? Die Enge im Bunker? Haben sie eine Vorstellung von der Zerstörungskraft des Krieges oder fürchten sie sich, weil ihre Eltern sich fürchten? Man kann Kindern diese Fragen nicht stellen, aber ein Vater im Bunker sagt mir: »Für Kinder sind ihre Eltern doch die stärksten, tollsten Menschen der Welt. Wir wissen alles und können alles. Bei uns fühlen sie sich sicher und geborgen. Jetzt wissen und können wir plötzlich nichts mehr. Wir wissen nicht, wann unsere Kinder wieder draußen spielen können. Wir können ihnen nicht erklären, warum sie hier nicht mehr raus können, weil sie es nicht verstehen. Wir können ihnen nicht erklären, warum es Menschen gibt, die uns so sehr hassen, dass sie uns töten wollen. Wir können sie nicht vor dem beschützen, was da draußen passiert. Die Kinder spüren das. Sie spüren, dass ihre Eltern machtlos sind. Dass es etwas Stärkeres gibt als ihre Eltern. Ich weiß nicht, was das in ihren Herzen macht. Aber wenn ich morgens aufwache, wenn ich wach bin, wenn ich einschlafe, habe ich immer Angst, dass unsere Kinder uns das nie verzeihen werden; dass wir sie an einen Platz gebracht haben, an dem wir sie nicht beschützen können.«

In den Zeitungen und Nachrichtensendungen dieser Welt sind dieser Tage mehr Bilder aus dem Libanon zu sehen als aus Israel. Der Krieg dort sieht dramatischer aus. Familien flüchten aus ihren

Dörfern auf Pferdewagen und zu zehnt in alte Autos gepfercht. Sie sehen aus, wie Flüchtlinge im Fernsehen aussehen müssen. Auf der anderen Seite, im Norden Israels, sind die Menschen mit Bussen evakuiert worden. Die Fotos davon wirken geordnet, diszipliniert und unspektakulär. Die Menschen verstecken sich in Luftschutzkellern, die im Fernsehen sauber und durchaus zumutbar scheinen mögen. Aber sie sind es nicht.

Die Angst der Menschen im Krieg ist immer unmenschlich, immer grauenvoll und auf allen Seiten aller Kriege haben immer die Menschen am meisten auszustehen, die am wenigsten mit dem Krieg zu tun haben: die Kinder. Wir neigen, glaube ich, manchmal dazu, zwischen den Opfern zu unterscheiden. Opfer, die es etwas besser haben, und Opfer, die es härter trifft. An diesem Vormittag stehe ich im Bunker, lächle die Kinder an, sie lächeln nicht zurück, ein Mädchen sitzt da und reißt seiner Barbiepuppe die Haare einzeln aus und jeder, der noch nie in einem Krieg war und trotzdem behauptet zu wissen, wer Recht hat, wer im Unrecht ist, wer mehr leidet und wer weniger, wer sich doch eigentlich nicht beschweren kann, wer die Gerechtigkeit auf seiner Seite hat, der hat einfach keine Ahnung, wovon er spricht. Jeder, der meint, mit den Schwächeren zu sympathisieren, der hat noch nie Kinder im Krieg gesehen, die niemals die stärkeren Kinder sein können, sondern immer nur die Schwächsten.

Ein Junge, der gerade 13 geworden ist und in der Schule Englisch lernt, übersetzt im Bunker für mich. Er heißt Evgeny und ist stolz helfen zu können. Seine Eltern, die nur Russisch sprechen, sehen ihn mit trauriger Bewunderung an.

»Magst Du Avocados?«, fragt er mich.

»Oh ja, ich liebe Avocados.«

»Willst Du unseren Avocado-Baum im Garten sehen?«

»Vielleicht sollten wir Deine Eltern erst fragen, ob Du raus darfst«, sage ich.

Evgeny sagt etwas auf Russisch. Sein Vater sieht seine Mutter an, im Gesicht seiner Mutter ist blankes Entsetzen. Sie reibt sich die geröteten Augen. Der Junge sagt wieder etwas auf Russisch und tänzelt aufgeregt hin und her. Er zieht seinen Vater am T-Shirt, aber der sagt nur leise etwas, das ich als »Das muss Deine Mutter entscheiden« interpretiere. Ich sehe, wie die Frau mit sich ringt, wie sie hadert und sich nicht überwinden kann. Ich weiß, dass das Risiko sehr überschaubar wäre. Es ist unwahrscheinlich, dass genau jetzt an genau diesem Ort eine Rakete einschlägt. Aber es ist keine gute Idee, einer verängstigten Mutter mit Wahrscheinlichkeitsrechnung zu kommen, wenn es um ihren Sohn geht.

Sie überlegt noch ein Weilchen, sucht Hilfe in den Blicken anderer Mütter im Bunker, doch schließlich sagt sie »nein«, muss sie »nein« sagen. Enttäuscht setzt sich Evgeny auf eines der Etagenbetten. In der Verzweiflung seines Blickes sehe ich, wie sich dieser Moment in seiner Seele eingräbt. Ich spüre seinen Drang, nach draußen zu laufen, und seine Wut darüber, in der Ohnmacht seiner Eltern gefangen zu sein. Es geht nicht immer nur um Blut und Leid und Tod und Tränen. Ein heranwachsender Junge, der seinen Avocado-Baum nicht zeigen darf, weil seine Eltern ihn nicht beschützen können – auch das ist eine Geschichte vom Krieg, die einen jungen Menschen prägt. Und in Israel gibt es Millionen solcher Geschichten.

Gerade als wir den Bunker verlassen wollen, hören wir durch die geöffnete Stahltür das Heulen der Sirene. Evgenys Vater zieht uns zurück und zerrt die Tür zu. Bei dem metallischen Geräusch der schließenden Tür fangen die Kinder an zu weinen, irgendwer zählt auf Russisch die Sekunden bis zum ersten Einschlag, der ganz in

unserer Nähe kommt. Vier Raketen sind es, vier Mal hören wir
diesen dumpfen, grollenden Knall. Andreas und ich warten noch
ein paar Minuten, dann gehen wir. Niemand beachtet uns. Die
Mütter kauern bei ihren Kindern, die Väter stehen ratlos daneben.

»Ich glaube, die sind froh, dass sie uns los sind«, sage ich zu Andreas, als wir die Stufen Richtung Tageslicht hochgehen.

»Kein Wunder. Ich würde auch nicht wollen, dass mich jemand in
so einer Situation sieht«, antwortet er. »Die haben genug mit sich
selbst und ihren Kindern zu tun.«

In den Bunkern, die wir in den nächsten Tagen noch besuchen,
habe ich immer wieder dieses Gefühl: Einerseits freuen sich die
Leute, dass sich jemand für ihre Geschichten interessiert. Andererseits sind sie beschämt von den Umständen, unter denen sie ausharren und für die sie nichts können. Armseliger, unwürdiger als in
einem Bunker kann das Leben kaum werden. Dicht aneinander
gedrängt hört man alle Geräusche, riecht alle Gerüche. Hundert
Mal am Tag hört man Menschen auf Toilette gehen, man riecht den
Durchfall von Babys und den Schweiß der Erwachsenen. Man riecht
die Katze, die eines der Kinder unbedingt mitnehmen wollte. Man
hört, wie Paare leise miteinander streiten. Man wacht nachts auf,
weil ein Kind mit Blähungen schreit. In jedem Hemd, jedem Laken,
jedem Handtuch stecken die Essensgerüche vieler Tage. »Jeden Tag
kommt einem dieser beschissene Raum ein bisschen kleiner vor«,
erzählt mir ein Bunkerbewohner. Und niemals wird man den Gedanken los, dass dieses Loch das Letzte sein könnte, was man vom
Leben sieht.

Je mehr die Geschichten der Menschen einander ähneln, desto
schwieriger wird es, ihnen zuzuhören. Jede Frau, deren Haus zerstört wurde, findet ein versengtes Familienfoto im Schutt. In jedem
Bunker braucht ein Kind dringend Medizin. Jeder Tote hatte noch

so viel vor. Aber ich muss mich zwingen, die Geschichte jedes Mal so zu hören, als wäre es das erste Mal. Ich muss mich zwingen, immer nach den einzigartigen Details zu suchen. Es ist das Mindeste, was die Menschen, deren Geschichten wir erzählen, verdienen.

Die Tage vergehen und wir gewöhnen uns an den ständigen Beschuss mit Katjuscha-Raketen. Man gewöhnt sich an alles. Der Unterschied zwischen Krieg und Frieden ist nur, dass die Gewohnheiten des Krieges so wahnsinnig müde machen. Anfangs genieße ich noch den Adrenalinschub, wenn die Sirenen aufheulen, die Menschen in den Straßen zu rennen beginnen, auf der Suche nach Schutz, nach irgendeiner Ecke, in der ihnen Beton Deckung nach möglichst vielen Seiten bietet. Wir rennen mit ihnen, kauern plötzlich mit Fremden hinter einer Wand. Eine halbe Minute lang lebt oder stirbt man zusammen, bevor wieder jeder seinen eigenen Weg geht bis zum nächsten Alarm. Die Intimität solcher Momente ist zunächst berauschend. Aber schon nach wenigen Tagen beginnen sie an mir zu zehren. Es ist keine Angst. Es sind zu starke Gefühle in zu kurzer Zeit.

Andreas und ich fangen an, das unheilvolle Jaulen zu ignorieren. Wenn wir mit unserem Fahrer im Auto unterwegs sind und die Sirenen wieder mal losheulen, fahren wir einfach weiter. Wenn wir gerade in einem der wenigen geöffneten Cafés einen Espresso trinken, bleiben wir sitzen. Man weiß eh nicht, wo es einschlägt. Wir können nicht viel mehr tun als zu warten. Ich fühle mich seltsam frei in diesen Momenten.

Es gibt aber auch immer wieder Situationen, in denen ich spüre, wie zermürbend die Angriffe sind. An einem späten Nachmittag im Stadtzentrum von Naharija warten wir in unserem Taxi vor einer roten Ampel. Es ist die Zeit, in der die meisten Raketen kommen, deswegen sind die Straßen menschenleer. Unser Fahrer Gideon tippelt mit den Fingern auf dem Lenkrad, Andreas und ich lungern auf der Rückbank. Ich denke darüber nach, wie grotesk es ist, in einem Krieg an einer roten Ampel zu halten, als der Alarm wieder losgeht. Wie auf ein geheimes Kommando hechten Andreas und ich beide aus dem Wagen und rennen los. Unser Fahrer kommt kaum hinterher und als er uns im dürftigen Schutz eines Hochhaus-Vordaches einholt, ist sein eigentlich blasses Gesicht knallrot vor Lachen.

»Ihr seid doch völlig verrückt«, sagt er. »Den ganzen Tag kümmert Ihr Euch nicht um die Raketen und plötzlich lauft ihr los wie die Irren und stellt Euch unter ein Vordach. Da wärt Ihr im Auto ja noch sicherer gewesen.«

»Ich hatte irgendwie ein schlechtes Gefühl«, sagt Andreas.

»Ich auch«, sage ich. »Und auf sein Gefühl sollte man hören.«

»Da bin ich ja froh, dass Ihr mit Eurem guten Gefühl den ganzen Tag lang nicht so falsch gelegen hab wie jetzt mit Eurem schlechten«, sagt Gideon und schlendert zurück zum Auto, das noch immer mit laufendem Motor auf der Straße wartet.

Der Tag unserer Abreise ist genau so erschütternd schön wie alle anderen Tage zuvor. Klarer blauer Himmel, milder Wind vom Meer her, auf den Straßen ein paar mutige Flaneure. Bei dem Versuch, einen ganzen Bagel zu rösten, setze ich am Morgen den Toaster des Hotels in Brand. Nach diesem kleinen Zwischenfall sitzen Andreas und ich noch lange beim Frühstück und sprechen darüber, wie unwirklich dieser Krieg manchmal scheint. Wenn er die Lichtshow der Artillerie sehe, abends von unserer Bar aus, sagt Andreas, dann fiele es ihm schwer, sich die zerfetzten Körper im Zentrum der Blitze vorzustellen. Wie zum Beweis geht der Alarm wieder los und von unserem Tisch aus – dampfender Kaffee, Rührei, Hüttenkäse und frisches Obst – beobachten wir, wie eine Katjuscha-Rakete in einer

strahlend weißen Fontäne in die blaue Hafenbucht von Haifa
taucht. Vielleicht zwei Kilometer Luftlinie ist der Einschlag entfernt
und schon ist der Krieg nicht mehr viel mehr als ein schönes, schäu-
mendes Schauspiel.

Nach dem Frühstück mache ich einen Spaziergang zum Presse-
zentrum der israelischen Armee. Nach einem kurzen Briefing über
die vergangenen 24 Stunden gehe ich auf Umwegen zurück ins
Hotel. Diesmal kommen der Alarm und der erste Einschlag fast
gleichzeitig. Der Boden unter meinen Füßen bebt, so nah ist die
Explosion. Ich kauere mich hinter einen Müllcontainer, der zumindest nach Norden hin Deckung bietet. Schon folgt der nächste Einschlag, nur noch wenige hundert Meter entfernt. Erst höre ich den
gewaltigen Knall, dann das zutiefst bösartige Pfeifen der Splitter.
Ich warte noch kurz, stehe auf und sehe eine schwarze Rauchwolke
aus dem Hügel unterhalb der Straße aufsteigen, auf der ich eben
noch gegangen bin. Die Rakete ist in einer Böschung eingeschlagen,
die nun in Flammen steht. Schon höre ich Feuerwehr und Polizei.

Ich laufe zurück zum Hotel. Ich bin müde.

Wäre die Rakete dreihundert Meter früher eingeschlagen, hätte
sie ein Haus getroffen. Zweihundert Meter weiter und sie wäre in
meinem Müllcontainer explodiert. In diesen Tagen habe ich mir
Hunderte solcher Katjuscha-Krater angeguckt, um darin etwas zu
sehen, zu verstehen. Aufgeworfene Erde, zersplitterte Baumstümpfe,
aufgeplatzter Beton. Die rund 4000 Raketen, die in einem Monat in
Israel eingeschlagen sind, sagen mir, dass es den Menschen, die sie
abgefeuert haben, egal ist, wo sie einschlagen. Egal, welchen Menschen oder welches Haus die Raketen treffen, für die Kämpfer der
Hisbollah ist es ein Erfolg. Ich kann nicht mal crahnen, welchen
Abgründen ihr Denken entstiegen ist. Aber ich weiß, dass in diesen
Abgründen immer Krieg sein wird.

Wenige Stunden später dreht unsere Lufthansa-Maschine ab über das Mittelmeer. Der Frau an der Rezeption habe ich gesagt, dass ich in Israel Urlaub machen werde, sobald Frieden ist. Da hat sie bitter gelacht und gesagt: »Na dann, leben Sie wohl!«

Fast auf den Tag genau zwei Jahre danach, am 16. Juli 2008, warte ich am Frankfurter Flughafen auf die Nachtmaschine nach Tel Aviv. Ich bin auf dem Weg zum letzten Akt der Geschichte, die mich vor zwei Jahren zum ersten Mal und seitdem immer wieder nach Israel gebracht hat. In meinem Handgepäck habe ich einen schwarzen Anzug, weißes Hemd, graue Krawatte, schwarze Schuhe. Die Geschichte wird nun also mit einer Beerdigung enden. Es ist schon spät, die ersten Putzkolonnen ziehen durch den Transitbereich des Frankfurter Flughafens und feudeln den Boden. Auf einem Fernseher sehe ich die Bilder, die seit heute morgen fast ununterbrochen laufen, die ich seit zwei Jahren gefürchtet habe: An der israelisch-libanesischen Grenze übergeben Männer der Hisbollah – schwarze Anzüge, Sonnenbrillen, Bartstoppel – zwei schwarz lackierte Holzsärge an das Internationale Rote Kreuz. Es ist eine unwürdige Szenerie. Auf der einen Seite werden die Särge abgesetzt wie wertlose Möbel, auf der israelischen Seite der Grenze zeigen die Kameras Menschen, die zu weinen beginnen. In den schwarzen Kisten liegen die sterblichen Überreste der israelischen Reservesoldaten Eldad Regev und Ehud Goldwasser. Ich starre auf den Fernseher, sehe diese Kisten und muss an all das denken, was ich über Ehud Goldwasser weiß. Sein Spitzname? Udi. Sein Hobby? Fotografieren. Sein Traum? Einmal eine Leica zu besitzen. Sein Drink? Whisky, Johnny W. Was er gern mit seinen Freunden machte? Segeln. Was über seinem Bett im Schlafzimmer stand? Vier Porzellanenten, zwei große, zwei kleine. Was er vom Leben wollte? »Den Müll dieser Welt aufsam-

meln«, wie sein Vater mir mal erzählt hat. Ingenieur werden und
eine Technik entwickeln, die der Natur hilft. Wohin er gern reiste?
In die Türkei, nach Istanbul, um den Islam kennenzulernen. Sein
Lieblingsspiel? Backgammon. Sein Hochzeitstag? 14. Oktober 2005.
Wo er aufgewachsen ist? In Naharija, in der Nähe des Meeres. Wie
der Strand seiner Kindheit aussieht? Nicht besonders breit, stumpfer, tiefgelber Sand, dort das blaue Meer, hier die weiß getünchten
Häuser. Wollte er selber Kinder? Ja, so schnell wie möglich. Wie
wohnte er? In Haifa in einer ruhigen Straße mit Palmen, von der aus
die ganze Stadt zu überblicken ist. Wie kannten ihn die Menschen
in dieser Straße? »Der Mann, der abends immer mit dem netten
Hund geht.« Wie hieß sein Hund? Mischu, zu Deutsch: Jemand.
Woher hatte er den Hund? Angefahren auf der Straße gefunden und
seiner Frau zum Geburtstag geschenkt. Wie fuhr er zur Universität?
Mit dem Fahrrad. Was waren die letzten Worte, die er zu seiner Frau
sagte? »Ich bin gleich zu Hause.«

Ich habe Udi Goldwasser nie kennengelernt, aber ich habe eine klare
Vorstellung von ihm. Zwei Jahre lang habe ich über ihn geschrieben,
wie man über einen schreibt, der am Leben ist. Ich habe mit seiner
Frau über ihn gesprochen, mit seinen Freunden, mit seinen Eltern. Ich
habe ihm in Deutschland eine Leica besorgt, für die Zeit nach seiner
Rückkehr, und sie bei seiner Familie hinterlegt. In ein paar Stunden
werden wir uns nun das erste Mal treffen. Ich im schwarzen Anzug, er
in der Kiste, und mit ihm all die Sätze, die ich über ihn geschrieben
habe. Die Sätze, in denen er immer gelebt hat. In den Nachrichten
heißt es nun, er sei schon vor zwei Jahren gestorben, bei seiner Entführung, als eine Panzerabwehrgranate nahe seiner Brust explodierte.
Zum ersten Mal fliege ich zu einer Geschichte und wünschte, ich
könnte zu Hause bleiben. Zum ersten Mal spüre ich, dass mir das
Leid zu nah ist. Nichts ist mehr zwischen der Geschichte und mir.

Als wir die Lichter Frankfurts unter uns lassen, denke ich an Udis Frau Karnit. Zwei Jahre lang hat sie zwischen Ungewissheit und Hoffnung gelebt. Sie hat bis zum letzten Moment geglaubt, dass ihr Mann lebend zurückkehren würde, wie wir alle das geglaubt haben.

»Ich weiß ja nicht, was er fühlt«, hat sie mir gesagt. »Und ich will unter gar keinen Umständen, dass er das Gefühl bekommt, ich hätte ihn aufgegeben. Wenn er da irgendwo die Kraft hat, weiterzuleben, dann habe ich diese Kraft auch.«

Wann immer wir Fotos von ihr gemacht haben, hat sie sich geschminkt und gesagt, sie wolle gut für ihn aussehen: »Falls er die Bilder irgendwo sieht.«

Karnit und ich sind in den zwei Jahren irgendwie zusammengewachsen. Ich weiß nicht, wie oft wir uns getroffen oder telefoniert haben. Sehr oft. Als ich sie das erste Mal nach meiner Hochzeit besuchte, riss sie die Wohnungstür auf, griff strahlend meine Hand und sagte: »Show me your ring!« Wir haben in ihrem Wohnzimmer gesessen und unsere Eheringe verglichen. Sie hat meinen im Licht gedreht und die Gravur gelesen. Ein anderes Mal fragte sie mich, wie es bei mir im Job laufe, und ich antwortete, alles sei gut, nur würde ich meine Frau zu wenig sehen. »Das Gefühl kenne ich«, sagte sie, noch bevor ich mir für meine Bemerkung dumm vorkommen konnte.

»Weißt Du, wenn Udi zurück ist, mache ich eine große Party. Ich hab's mir schon genau überlegt. Wir werden tanzen und trinken, bis wir alle nicht mehr können. Kommst Du auch?«

»Ich bin dabei«, sagte ich.

Wir haben uns verstanden, weil sie an sein Leben geglaubt hat und ich an sein Leben geglaubt habe. Wir haben beide dran geglaubt bis zu diesem Vormittag, an dem er zurückkommen sollte.

Ein »Gefangenenaustausch« sollte es werden. Udi und sein mit ihm entführter Kamerad Eldad Regev gegen fünf Terroristen der Hisbollah. Es hatte in den beiden Jahren nicht die kleinste Nachricht gegeben. Kein Lebenszeichen, aber auch keinen Beweis dafür, dass die beiden tot waren. Einfach nichts.

Karnit und ich haben oft über diesen Moment gesprochen. Den Moment der Rückkehr.

»Der Augenblick kurz bevor ich ihn wiedersehe – das wird der größte Augenblick meines Lebens sein. Ich kann es nicht erwarten, weißt Du. Ich weiß, dass er kommen wird, ich versuche irgendwie, mich darauf vorzubereiten. Ich mache Sport und nehme Vitamine, damit ich fit bleibe. Ich habe Angst, sonst zusammenzubrechen, wenn es so weit ist, irgendetwas zu verpassen. Ich will alles ganz genau erleben, jedes Gefühl, jede Emotion.«

Nun standen Ärzte auf beiden Seiten der Grenze bereit, auf der israelischen Seite ein Rettungshubschrauber. In einem nahen Krankenhaus warteten Chirurgen im OP, falls die Soldaten sofort operiert werden müssten. Und dann kamen diese schwarzen Kisten.

Als ich die Bilder im Fernsehen sah und zum Telefon griff, um meinen Flug nach Israel zu buchen, nun zu einer Beerdigung, dachte ich an Karnits Pläne, an ihren unbändigen Optimismus, ihre Zuversicht, die nie überdreht und immer aufrichtig wirkte: »Wenn er zurück ist, werden wir das tollste Leben haben. Ein besseres, tieferes Leben. Wir werden beide verändert sein, stärker als zuvor. Wir haben beide unsere Lektion gelernt, wie wichtig es ist, keinen Moment zu verpassen, alles auszukosten. Vielleicht wurde er auserwählt, durch diese Zeit zu gehen, damit wir unser Leben ändern.«

Während der riesige Mond am Flugzeug vorbeizieht, verschwimmen in meinem Kopf all die Orte, an denen ich diese Geschichte erlebt habe. Das Haus von Karnits Eltern in Naharija wenige Tage nach der Entführung, die aufgekratzte Ratlosigkeit, eingehüllt in das Grollen der Artillerie, heulende Sirenen, einschlagende Raketen im Ort, die Schreie weglaufender Menschen, so klang der Krieg um den entführten Sohn und alle paar Minuten sagte jemand: »Er ist sicher bald wieder zu Hause.« Eine Straße an der Nordgrenze Israels zum Libanon, Stacheldrahtrollen entlang der Straße. Ein schwarzer, öliger Fleck auf dem Asphalt, genau an der Stelle, an der eine Panzerfaust Udis Jeep zerfetzte. Karnits Apartment in Haifa, gespenstisch leer und still, wie eingefroren, Udis Kameraausrüstung, seine Nikons, da in einer Ecke. In der Küche eine Flasche Johnny Walker Black Label, die er am Tag nach seiner Entführung mit Freunden trinken wollte, das düstere Schlafzimmer. Eine Galerie, in der seine Fotos hingen. Ein Café in Tel Aviv, in dem ich mich mit Karnit getroffen habe, kurz bevor Udi tot nach Hause kommen sollte, wie alle Leute dort Karnit erkannten, sie ansahen und nicht wussten, was sie sagen sollten, wie wir nach zwei Jahren im Schatten der Bäume saßen und sie – erkältet und mit Augenringen – zum ersten Mal sagte: »Ich will einfach nur noch, dass es endlich vorbei ist.« Der Flughafen von Tel Aviv, von wo sie immer wieder aufgebrochen ist, um Politiker in aller Welt zu treffen, all die mächtigen Hände zu schütteln, die ihr vielleicht helfen konnten, ihm helfen konnten, Tony Blair, Angela Merkel, Kofi Annan. Das Haus von Udis Eltern, nah an der libanesischen Grenze, nachts auf der Terrasse, und Udis Mutter sagte: »Ich sehe den Libanon, aber nicht meinen Sohn.«

»Wovor hast Du am meisten Angst?«, fragte ich Karnit, als Udi schon ein Jahr entführt war.

»Ich habe Angst davor, dass ich ihn plötzlich nicht mehr spüre. Ich spüre ihn jeden Tag, in der jeder Sekunde. Dass dieses Gefühl plötzlich schwächer werden könnte – davor fürchte ich mich.«

In dieser Nacht im Flugzeug denke ich darüber nach, ob ich noch als Reporter zu Udis Beerdigung fliege. Ich bin so voller Wut und Empörung über seinen Tod, über das zwei Jahre dauernde, perverse Spiel mit dem, was wir für sein Leben hielten, was aber nur noch seine Leiche war. Ich bin schon längst kein Beobachter mehr in dieser Geschichte, sondern ein Teil der Trauer, so wie ich ein Teil der Hoffnung gewesen bin.

»Willkommen in Israel«, sagt die Frau an der Passkontrolle in Tel Aviv. »Was ist der Anlass Ihrer Reise?«

»Ich bin zur Beerdigung von Udi Goldwasser hier.«

»Sie sind Journalist?«

»Ich bin ein Freund.«

Die Beerdigung soll um zehn Uhr stattfinden. Um halb neun bin ich am Friedhof in Naharija. Grabplatten aus weißem Sandstein. Die gezackten Schatten der Palmen auf den Gräbern. Der regenlose Sommer hat die Wiesen gelb gebrannt. Über die Mauer hinweg kann man das Meer sehen, tiefblau und glatt im Morgenlicht. Karg und schnörkellos ist die Natur hier von der salzigen Luft und dem rauen Wind, der oft weht. Ein Soldatenfriedhof, ein Friedhof für junge Männer. Die langen, ordentlichen Gräberreihen sollen den Eindruck von Ruhe und Ehre und ewigem Frieden vermitteln. Sie sollen beruhigen, aber für mich ist es ein Feld erstarrter Träume. Ich gehe einen Sandweg entlang und muss an die in Entsetzen verkrampften Gesichter denken, mit denen all diese jungen Männer gestorben sind. Ich habe zu viele Kriegsopfer gesehen, um noch zu glauben, dass Ruhm in ihren letzten Zügen, in ihrer Totenmaske ist. Ich höre all die Worte und Sätze, die nicht mehr gesprochen werden können, bis ich an Udis Grab stehe. Eine zwei Meter tiefe Grube in der braunen lockeren Erde, mit Pflastersteinen ausgekleidet. Ein weiß blühender Akazienbaum streckt seine Äste über das

Grab; das erste auf einem noch unberührten Grabfeld. Es ist so etwas wie ein Ehrenplatz auf diesem Friedhof.

»Wir sprechen den ganzen Tag miteinander«, hat Karnit mir mal gesagt. »Ich erzähle Udi, was ich so mache, worüber ich nachdenke. Wir sind zusammen so gut es geht. Aber wenn ich von einer Reise nach Hause komme, schlafen gehe oder morgens aufwache – dann ist es schlimm. Dann ist die Einsamkeit am größten.«

An diesem Tag zeigen die Titelseiten aller israelischen Zeitungen dasselbe Foto. Karnit am Sarg, ihre Hand ausgestreckt nach Udi. Sie weint die Tränen, die sie zwei Jahre lang verborgen hat, weil sie stark sein wollte, weil sie sich auf das Wesentliche konzentrieren wollte.

»Ich will nicht, dass mich die Menschen bemitleiden«, hat sie gesagt. »Ich kann essen, trinken, duschen, schlafen, was immer ich will, wann immer ich will. Die Leute sollen ihre Energie auf Udi und Eldad Regev konzentrieren. Ich bin nur ihre Botschafterin. Die Leute fragen mich, ob ich die Hisbollah hasse. Ich hätte allen Grund dazu. Aber ich tue es nicht. Ich würde sie hassen – und dann? Was würde das bringen? Ich will Udi wiederhaben. Da bringt mich Hass nicht weiter. Ich versuche, mich in ihr Denken hineinzuversetzen, sie zu verstehen. Warum tun sie, was sie tun? Was sind ihre Ziele? Ich will sie verstehen. Aber meistens gelingt es mir nicht. Ich kann nicht verstehen, wie man so etwas tun kann. Wieso kann man uns nicht wenigstens sagen, ob sie leben oder nicht?«

Ich starre in die frisch ausgehobene Grube, um darin irgendetwas zu finden. Vielleicht das sichere Gefühl, dass es jetzt vorbei ist. »Wenigstens Gewissheit«, heißt es ja immer. Ich weiß nicht, was Karnit in diesen Stunden empfindet. Aber ich glaube, Gewissheit wird manchmal überschätzt.

Langsam füllt sich der Friedhof. Stuhlreihen sind um das Grab herum aufgestellt. Es dauert nicht lange, bis alle Stühle besetzt sind. Viele junge Männer kommen. Ich sehe wieder in die Gesichter, die ich aus den Tagen des Krieges hier kenne. Soldaten, junge Veteranen, die vor zwei Jahren in den Libanon geschickt wurden, um Udi Goldwasser lebend zurückzuholen, als er schon längst tot war. Sie sehen in sein Grab und ihre Gesichter sind bleich und stumm und wütend. Vor mir flackert wieder jener Nachmittag auf, an dem diese Jungen aus dem mörderischen Häuserkampf im Libanon zurückkamen, mit aufgerissenen Augen, und ihre verwundeten Freunde trugen. Die jugendliche Leichtigkeit, die sie in diesem Krieg gelassen haben, wird heute mit begraben. »Sie trugen das gesamte emotionale Gepäck von Männern, die vielleicht sterben werden«, heißt es in Tim O'Briens »Was sie trugen« über die Soldaten im Vietnamkrieg. »Leid, Schrecken, Liebe, Sehnsucht – sie alle waren unbestimmbar. Doch diese unbestimmbaren Gefühle besaßen ihre eigene Masse und spezielle Schwerkraft, sie hatten ein spürbares Gewicht.« An diese Sätze muss ich denken, als ich Udis Freunde an seinem Grab stehen sehe.

Einmal, irgendwann im Herbst nach der Entführung, sprachen Karnit und ich über den Tod, wie man nur an einem Herbsttag über den Tod sprechen kann.

»Was, wenn er doch nicht lebend zurückkommt?«, fragte ich sie. »Hast Du eine Vorstellung, wie es dann weitergeht?«

»Wenn ich mit Udi rede«, hat sie geantwortet, »dann sagt er mir manchmal, ich solle in meinen Gedanken einen Platz für das Schlimmste bewahren, für die Möglichkeit, dass wir uns nicht mehr wiedersehen. Neulich habe ich seine Kleidung gewaschen. Und als ich seine Hemden und Hosen in den Schrank geräumt habe, hab ich mich gefragt, ob ich das wirklich noch für ihn tue. Oder ob ich all seine Sachen eines Tages in einen großen Plastiksack stecken und wegwerfen muss. Davor habe ich Angst. Aber ich versuche, diese Gedanken zu verscheuchen, so gut es geht. Ich mache keine Pläne ohne Udi.«

Um zehn Uhr ist der Friedhof voller Menschen. Drei-, viertausend werden es sein. Alte, Kinder, Frauen, Babys auf dem Arm, Männer in offenen Hemden, die rauchen und sich den Schweiß der anschwellenden Hitze von der Stirn tupfen, Fotografen, Großmütter, die sich Luft zufächeln, Mädchen in hellen Sommerkleidern. Ich bin der einzige im schwarzen Anzug (was mir mitleidige Blicke einbringt). Der Anblick gleicht eher einer Willkommensparty als einer Trauergesellschaft. Fast scheint es so, als würde Ehud Goldwasser einfach nach langer Zeit nach Hause kommen und die Menschen würden ihn erwarten, um seine Geschichten zu hören. Dicht gedrängt stehen sie im Schatten der Palmen und zwischen den Gräbern. Nur eine schmale Gasse, die von der Pforte zu Udis Grab führt, ist noch frei.

»Wenn Udi nach Hause kommt, werden wir tanzen«, hat Karnit gesagt.

Das Gemurmel zwischen den Gräbern versiegt, als sich der dumpfe Hall von Soldatenstiefeln im Gleichschritt nähert. Noch kann ich sie nicht sehen, aber da kommen die Männer, die Udis Sarg tragen. Dann sind sie da, mit der Kiste, die aus schlichten, hellen Brettern gezimmert ist. Karnit und Udis Familie folgen dem Sarg. Die Wahrheit ist, dass nichts Erbauliches, Besiegelndes in diesem Moment liegt, kein Frieden, nur Windstille und das Entsetzen darüber, dass es wirklich so gekommen ist. So zäh wie die zwei Jahre vergangen sind, so zügig geht die Beerdigung. Es gibt in Israel keine Trauerfeiern am offenen Grab. An dicken Hanfseilen senken die Soldaten den Sarg in den Boden hinab. Ich sehe, wie Karnit ihre Hände noch einmal nach Udi ausstreckt und sich weinend abwendet.

Neben dem Grab liegen Säcke voller Erde. Die Soldaten schnüren die Säcke auf und schütten die Erde auf den Sarg. Sie ist trocken und staubt. Der frische Geruch des nahen Meers liegt über dem Friedhof. Ein Pulk von Männern in Uniform steht nun um das Grab. Sie erledigen ihre Arbeit ernst und nüchtern wie Handwerker. Ich sehe, wie Udis Vater Shlomo von seinem Stuhl aufsteht und einen der Säcke packt. Ich denke daran, wie wir in seiner Küche gestanden haben, in dem Haus, in dem Udi aufgewachsen ist. »Ich wünschte, die Hisbollah würde mich an seiner Stelle als Geisel nehmen. Sie können mich haben, wenn sie ihn gehen lassen«, sagte er, während er mir ein Avocado-Sandwich belegte. Nun schüttet er Erde auf seinen Sohn. Ein Vater, der für seinen Sohn nicht mehr tun kann, als ihn mit eigenen Händen zu begraben.

An diesem Morgen bin ich froh, bei denen zu sein, die nicht Rache schwören an den Gräbern ihrer Toten. In zwei Jahren habe ich von Karnit und Udis Eltern kaum ein wütendes Wort über die Hisbollah gehört. Sie hatten Humor und Geduld in ihren dunkelsten Stunden. Ich bin Reporter, aber ich bin nicht neutral. Während wir auf dem Friedhof stehen, laufen im Fernsehen die Bilder der Hisbollah-Männer, die im Austausch gegen Ehud Goldwasser und Eldad Regev freigelassen wurden. Einer von ihnen ist ein Kindermörder. Er hat einem israelischen Mädchen den Schädel mit einem Gewehrkolben zertrümmert. Zehntausende Menschen feiern ihn bei seiner Heimkehr in den Libanon als Helden und fordern die Vernichtung Israels. Ich glaube, dass man sich manchmal entscheiden muss, auf welcher Seite man steht. Der Krieg und seine Opfer lehren das besser als jede Journalistenschule. Am Grab meines Sohnes würde ich niemanden wissen wollen, der neutral ist. Wenn man über Menschen schreibt, muss man über Menschen schreiben, die man versteht, weil sonst niemand anders sie verstehen wird.

Ofer Regev, der Bruder des anderen getöteten Soldaten, wird bei dessen Beerdigung zwei Stunden später sagen: »Wir leben in einer Welt, in der wir geglaubt haben, unser Feind wäre genauso wie wir. Wir haben geglaubt, wir könnten mit Menschen sprechen, die so wie wir ein Kind großziehen, eine Blume pflanzen, ein Mädchen lieben wollen. Heute erkennen wir, dass wir uns getäuscht haben, und doch werden wir es immer wieder versuchen. Ich stehe heute hier erschüttert und in Tränen; aber voller Stolz. Ich bin stolz, zu denen zu gehören, die lieben. Nicht zu denen, die hassen.«

Ich stehe bei den Menschen, die ich verstehe, ihre Trauer, ihre Ohnmacht, ihre Liebe.

Als Udis Grab mit Erde gefüllt ist, tritt Karnit ans Mikrofon. Sie spricht zu ihrem Mann. Während ich dies schreibe, blättere ich in den Notizbüchern, die vollgeschrieben sind mit Karnits Sätzen. Ich frage mich, warum alles so enden musste, so verdammt traurig. »Es gibt keine Happy Ends im Nahen Osten«, sagt eine befreundete Kollegin, mit der ich telefoniere. Sie hat Recht und wird wahrscheinlich noch lange Recht behalten.

Es ist eine kaum erträgliche, einsame Stille, als Karnit zu sprechen beginnt. Unendlich allein ist sie mit ihren Worten.

»Am 12. Juli vor zwei Jahren um 9 Uhr 6 ist die Zeit stehen geblieben«, sagt sie zum Grab. Ihre Stimme ist ein Knistern in der Luft.

»Damals begann eine Reise für uns beide. Nun gehen wir auf unsere nächste Reise. Es ist die Reise meines Lebens. Du wirst immer meine innere Stimme bleiben, ein in alle Ewigkeit junger Mann, der mich mein ganzes Leben lang begleiten wird. Ich werde es ohne Dich leben müssen, aber Du wirst immer bei mir sein.«

Kriege sind zu meinem Beruf geworden. Zwei Jahre liegen zwischen der Entführung und diesem Tag, Monate im Irak und in

Afghanistan. Man fängt irgendwann an, darüber nachzudenken, wie viele Leben ein großes Ziel wert sein mag, wofür es sich vielleicht doch zu sterben lohnt. Aber all diese Gedanken sind wertlos an diesem Morgen. Es ist alles für nichts. Nur irgendwo sitzen, denke ich, wo es feste, alte Mauern gibt und keiner draufgeht für irgendwas. »Wenn Udi zurück ist, werden wir auf die Galapagos-Inseln fahren und uns die Schildkröten dort angucken«, hat Karnit mir mal gesagt und ich erinnere ihr Lächeln von damals.

»Ich habe geglaubt und gehofft, dass der Moment kommen würde, in dem ich aufwachen und merken würde, dass alles nur ein Traum war«, sagt sie nun. »Ein schlimmer Traum, aber ein Traum. Die Erinnerungen an Dich und unseren Alltag sind noch immer klar und wundervoll. Aber sie mischen sich immer mehr mit dem Schmerz des Verlustes, der nicht aufhören will. Es ist so unendlich schwer, wenn ich mir vorstelle, wie unser gemeinsames Leben hätte weitergehen können. Sag mir, wird die Zeit wirklich alle Wunden heilen?«

Später schießt eine Ehrengarde Salut, ich sehe, wie Karnit am Grab steht, mit einem Foto von Udi in ihren Händen, und über sein Gesicht streicht. All die verschlingende Vergeudung, die Menschen anrichten, liegt schmerzhaft klar in diesem Anblick.

Nach der Beerdigung arbeite ich mich zu Karnit vor. Hunderte Menschen stehen an, um ihr zu kondolieren. Ihre beste Freundin stützt sie. Wir haben ein paar Mal telefoniert, aber uns nie getroffen. Sie musterte meinen schwarzen Anzug, meine Krawatte, die Sonnenbrille und fragt grinsend: »Bist Du vom Secret Service?«

»Nein, nein, er ist nur Deutscher«, sagt Karnit und wir lachen, so gut es geht. Wir umarmen uns.

»Bist Du nur deswegen gekommen?«, fragt Karnit.

»Natürlich«, sage ich.

Ich will noch mehr sagen. Aber ich habe ihr in den letzten zwei Jahren zu oft versichert, dass er es schon schaffen, lebend zurückkehren würde. Ich fühle mich wie einer, der sein Versprechen gebrochen hat, dessen Worte wertlos sind. Wir halten uns an den Händen. Es ist das Ende unserer Story. Unsere Story war: Sie sagt, dass er lebt und ich schreibe, dass er lebt.

»Ich hab wirklich dran geglaubt«, sage ich dann.

»Ich weiß. Das haben wir alle. Aber das ist nun alles, was wir zurückbekommen haben.«

Nach der Beerdigung schlendern wir durch die gleißenden Straßen von Naharija zum Haus von Karnits Eltern. Hier wird das jüdische Trauerritual stattfinden, das Shivasitzen. Eine Woche lang wird die Familie das Haus nicht verlassen und Totenwache halten. Verwandte und Freunde kommen und bringen Essen und erzählen davon, wie sie den Toten gekannt haben.

Vor dem weiß getünchten Haus wachen Soldaten, die aber keine Waffen tragen. In der Auffahrt beschatten Zelte lange Tapeziertische, auf denen ein Buffet aufgebaut ist. Trauben und Melonen, Nektarinen, Oliven, Kekse, Kuchen, gebratene Hähnchenkeulen, Reis, Tomaten und Brot. In einer Truhe liegen Wasserflaschen auf Eis. Auf jeder Kommode, auf jedem Regal im Wohnzimmer stehen Fotos von Udi.

»Morgen hätte er Geburtstag gehabt«, sagt Karnit.

Wir stehen in dem Haus, in dem wir uns im Juli 2006 zum ersten Mal getroffen haben. In den Zimmern klingt dieses seltsam nervöse Lachen, das nach den Tränen kommt. Wenn man die alten Geschichten erzählt, fröhliche Geschichten, weil man die Trauer nicht mehr erträgt. Ich überlege, wie Udi diesen Nachmittag im Haus seiner Familie fotografieren würde. Die lachenden oder die weinenden Gesichter? Die guten Erinnerungen oder die Tränen?

Als wir vor zwei Jahren zum ersten Mal herkamen, war es wie ein Strudel. Wir landeten im friedlichen Tel Aviv, rasten im Wagen Richtung Norden, da waren die einschlagenden Raketen, irgendwo sah ich ein aufgerissenes Wohnzimmer, in dem ein einzelner Stuhl im Schutt vor dem Fernseher stand, wir fuhren in die menschenleere Stadt Naharija und fanden dieses Haus. Ich stellte Karnit meine Fragen, wir schickten Fotos von ihr in die Redaktion, abends tranken wir im Hotel. Erst jetzt, zurück in diesem Haus, merke ich, wie tief mich diese Geschichte eingesaugt hat. Einer der ältesten Freunde von Udis Eltern erzählt mir, er habe immer dieses Bild im Kopf gehabt, wie sie Udi eines Tages im Rollstuhl über die Grenze schieben würden.

»Ich kann nicht glauben, dass er wirklich weg sein soll«, sagt Karnit. »Ich rieche ihn doch noch und höre seine Stimme.«

Nach ein paar Stunden verabschiede ich mich. Karnit sitzt im Wohnzimmer, umgeben von Freunden und Udis Brüdern, so geborgen, wie es eben geht.

»Wir sehen uns bald wieder?«, fragt sie.

»Ganz bald.«

»Komm gut nach Hause.«

»Wir denken an Euch.«

»Danke.«

Auf der Suche nach einem Taxi gehe ich die Straße hoch Richtung Meer. Nah am Haus stehen Polizeiwagen mit zuckendem Blaulicht, Menschen, die Tabletts mit Essen tragen, kommen mir entgegen, aber nach ein paar Schritten verläuft sich die Stadt in der schläfrigen Normalität der Mittagshitze. Ich denke daran zurück, wie Karnit mich vor zwei Jahren mit den Worten »Wir sehen uns wieder, wenn er zurück ist!«, verabschiedete. Ich denke zurück an all den Optimismus, die Hoffnung, die Kraft und die Zuversicht, mit der sie für ihn gekämpft hat. »Ich esse und schlafe soviel, wie ein Mensch essen und schlafen muss, um weiter zu leben«, hat sie über ihren Einsatz gesagt. Wie ausgebrannt sie sich nun fühlen muss, kann ich nicht einmal erahnen. Ich überlege, was bleibt von diesen beiden Jahren mit Karnit und der Vorstellung von Udi. Es fällt mir schwer, etwas Positives zu sehen an diesem Tag. Das einzige, was mir einfällt, ist die überwältigende Menschlichkeit, die ich erlebt habe. Falls mich jemand nach einem Beispiel fragen sollte, wie es aussieht, wenn sich jemand mit aller Menschlichkeit gegen Chaos, Zerstörung, Gewalt und Verachtung stemmt; falls mich jemand fragen würde, wie Liebe aussieht, dann würde ich antworten: Karnit.

5
Irak und Afghanistan: Amerikas Kriege

Am 15. März 2008 döse ich auf einer Wartebank des Ibn Sina Hospitals in der »Green Zone« von Bagdad. Die »Green Zone« ist das Regierungsviertel der irakischen Hauptstadt. Ein abgeschotteter Stadtteil, umgeben von Betonmauern, Wachtürmen, Panzersperren, Sandsäcken und Stacheldraht, gesichert durch schwer bewaffnete Soldaten an unzähligen Checkpoints, von Apache-Hubschraubern und zigarrenförmigen Ballonen mit Überwachungskameras, die in der flirrenden Luft darüberstehen. Die US-Botschaft liegt hier, das irakische Parlament und das Hauptquartier der amerikanischen Streitkräfte im Irak. Die Stadt außerhalb dieser Mauern heißt »Red Zone«, der Teil Bagdads, in dem die Leute morgens nicht wissen, ob sie leben oder sterben werden.

Vor ein paar Minuten hat es einen Mörserangriff auf die »Green Zone« gegeben, aber die Granaten sind weit entfernt von uns eingeschlagen. Das Ibn Sina Hospital ist besser bekannt als »Bagdad ER«, das größte Lazarett der Amerikaner im Irak, die Notaufnahme der US-Armee, in die fast alle Verwundeten gebracht werden.

In den vergangenen Monaten habe ich immer wieder US-Soldaten in Afghanistan und hier im Irak begleitet. Ich war bei ihnen »embedded«, wie es offiziell heißt, als Reporter bei ihren Einsätzen dabei. Die meisten Soldaten sind so alt wie ich, Mitte zwanzig. Viele von ihnen sind meine Freunde geworden. Ich habe deshalb in den letzten Tagen nicht mehr oft darüber nachgedacht, ob diese Kriege gut oder schlecht laufen, ob sie falsch waren oder je richtig sein werden. Ich bin müde, erschöpft und leer, mein Rücken schmerzt von den endlosen holperigen Fahrten in Humvees, bin mürbe und überreizt vom kurzen, schlechten Schlaf dieses Alltags. Im Krieg ist es immer zu kalt, zu heiß, zu schlammig, zu windig, zu staubig, zu gefährlich oder zu früh. In den letzten Tagen habe ich nur noch darüber nachgedacht, dass wir alle hoffentlich heil nach Hause kommen. Mein Fotograf Till und ich schon bald und irgendwann in Monaten die Soldaten, mit denen wir unterwegs gewesen sind.

Es ist mein letzter Tag als »embedded reporter«, in ein paar Stunden werde ich an Bord einer C-130-Transportmaschine zurück in der Sicherheit Kuwaits fliegen. Ich genieße die Ruhe der Notaufnahme. In den Fliesen spiegelt sich das Neonlicht, der Empfangstresen – so nüchtern wie in jedem Krankenhaus der Welt – ist mit grünen Girlanden für den St. Patrick's Day geschmückt. Dahinter blättern einige Rettungsärzte und Krankenschwestern in Zeitschriften und zerlesenen Katalogen. In die kalte Luft der Klimaanlage mischt sich der Geruch von Desinfektionsspray. Auf einem Fernseher läuft »Der Pate«, mit halb geschlossenen Augen lausche ich der berühmten Titelmusik. Einer der Ärzte schlendert rüber zu mir, deutet auf den Fernseher und sagt: »Italy. That's were I would love to be now.«

Till und ich sind hier, um eine Geschichte über diese Ärzte zu machen. Hunderte Soldaten sind unter ihren Händen in den fünf Jahren des Irak-Krieges gestorben. Aber die meisten, die hier rein getragen wurden, haben überlebt.

»Wer hier noch mit Puls durch die Tür kommt, hat eine Chance von 97 Prozent, seine Familie wiederzusehen«, hat mir einer der Ärzte erzählt.

Es ist früher Nachmittag, halb drei vielleicht, als sich im »Bagdad ER« plötzlich die Unruhe ausbreitet, die in einem Krankenhaus meist Unheil ankündigt. Zwei Sanitäter rollen eine Trage in die Auffahrt. Ein Sandsturm wirbelt gerade über der Stadt, der Himmel ist trüb orange, von der Sonne ist nur eine matte silberne Scheibe zu sehen. Nicht einmal die Rettungshubschrauber können bei diesem Wetter fliegen. »Black skies« nennen sie das im Funkjargon des Militärs, wenn die Verwundeten nur in Fahrzeugen und nicht in der Luft transportiert werden können. Es dauert lange an diesen Tagen, jemanden ins Krankenhaus zu bringen, zu lange eigentlich. »If you have to catch a bullet, don't do it in a sandstorm«, hat mir ein Soldat vor ein paar Tagen geraten. »Wenn du dir schon eine Kugel einfangen musst, mach's nicht, wenn Sandsturm ist.«

»Wir haben einen Verwundeten«, sagt einer der Ärzte. »Kommt in fünf Minuten rein. Schusswunde am Kopf. Irgendwo hier in Bagdad passiert. Mehr wissen wir noch nicht.«

Mit den Sanitätern laufe ich vor die Tür. Momente später rasen, eingehüllt in eine Staubwolke, drei Humvee-Jeeps auf uns zu. Ich höre die Motoren herandröhnen und hoffe, dass es niemanden erwischt hat, den ich kenne. Bitte kein Soldat, mit dem ich unterwegs war, denke ich. Bitte nicht Quattro, Knoll, Parish, Martin, Walker, wie sie alle heißen.

Die Türen der Humvees fliegen auf, junge Männer springen heraus. Auf den Ärmeln ihrer Uniformen sehe ich das Einheitsabzeichen. Ich kenne niemanden bei dieser Einheit.

Verzweiflung, Wut, Ohnmacht ist in den Gesichtern dieser Männer. Einige von ihnen weinen, manche haben Blutflecken auf ihrer Uniform. Einer brüllt, ein anderer donnert seinen Helm auf die Straße. Er wendet sich ab, blickt zum sandigen Himmel, schreit »Fuck! Fuck! Fuck!«

Zwei Soldaten zerren den Verwundeten vom Rücksitz des Humvees auf die Trage. Sein rechter Arm hängt schlaff herunter, seine Uniformjacke ist dunkel verfärbt, vollgesogen mit seinem Blut. Ein junges Gesicht, gutaussehend, ebenmäßig, markantes Kinn. Seine Augen sind geschlossen, seine Haut ist schon fahl, aber sein Gesicht ist unberührt und friedlich. Die Kugel hat sich in seinen Hinterkopf gebohrt. Ich will glauben, dass er durchkommt, aber eine Aura des Sterbens umgibt diesen jungen Soldaten.

Im Behandlungsraum der Notaufnahme schneiden die Sanitäter ihm die Uniform vom Leib. Der Unterschied zwischen einem zivilen Krankenhaus und einem Lazarett ist, dass zivile Ärzte meist ein Stethoskop bei sich haben, Militärärzte immer eine schwere Stoffschere.

Ich stehe am Fußende des OP-Tisches. Der Raum ist überheizt, es sind fast dreißig Grad. Die Wärme soll den Schockzustand der Verwundeten mildern und die erkaltenden Körper zurück ins Leben holen.

Auf der anderen Seite des Vorhangs, der den OP der Notaufnahme abtrennt, tobt einer der Kameraden des Verwundeten. Er steht unter Schock, rennt auf und ab, tritt gegen die Bank, auf der ich eben noch saß, prügelt mit seinen Fäusten auf eine Tür ein. Einer der Ärzte stürmt auf den Jungen zu, packt ihn am Kragen und drückt ihn gegen die Wand. Durch den offenen Vorhang sehe ich den Kopf des Jungen irre hin- und herpendeln. Vom Weinen ist sein Gesicht verkrampft, er blickt durch den Arzt hindurch.

»Wenn Du Deinem Freund noch irgendwie helfen willst«, schreit der Arzt ihn an, »dann beruhig Dich jetzt und sag mir, wann das passiert ist. Wann ist das verdammt noch mal passiert?«

»Twenty minutes«, wimmert der Soldat. »Twenty fuckin' minutes.« Dann laufen ihm wieder Tränen übers Gesicht.

»Habt Ihr einen Puls?«, fragt einer der Ärzte am Operationstisch.

»Nichts.«

»Macht mit der Herzmassage weiter. Gebt ihm Sauerstoff.«

»Wir brauchen mehr Blut hier. Schick jemanden los, Blut holen.«

»Wie sieht sein Kopf aus?«

»Übel. Nicht gut.«

»Röntgen, schnell röntgen.«

»Wir haben einen Puls!«

»Ja? Habt Ihr einen Rhythmus?«

»Ja, aber ganz schwach.«

»Okay, noch nicht mit der Herzmassage aufhören.«

Es sind zwanzig, vielleicht dreißig Sekunden, in denen ich sehe, wie Leben in den jungen Mann auf dem Tisch zurückkehrt. Da ist jetzt mehr als nur dieser Körper. Mehr Geist, mehr Seele, mehr Hoffnung, mehr Mensch. All das, was Leben über den Herzschlag hinaus ausmacht, fährt noch einmal in diesen überheizten Raum. Wie ein Wind, der kurz aufkommt und sich dann gleich wieder legt. Diese Sekunden lang glaube ich wirklich, dass der Soldat, dessen Namen ich nicht kenne, überleben wird. Eine seltsame Euphorie packt mich und ich weiß nicht, warum ich plötzlich so aufgekratzt bin: Weil der Junge leben wird? Oder weil ich glaube, ihn nicht sterben sehen zu müssen?

Meine Euphorie ist so mächtig, so berauschend, dass ich für einen Moment nichts mehr wahrnehme, außer der plötzlich so wunderbaren Wärme im Operationssaal. Ich will mir irgendwas in mein Notizbuch schreiben über diese Empfindung, aber meine Hände zittern zu sehr. Als Nächstes sehe ich, wie sich der erste Sanitäter abwendet von diesem Soldaten, der nackt auf dem Tisch liegt, wie die Ärzte und Krankenschwestern ihre blutverschmierten Handschuhe ausziehen und auf den gefliesten Boden fallen lassen.

Doch was passiert ist, begreife ich erst, als der Chefarzt sagt: »Er ist nicht mehr bei uns. Danke für Euren Einsatz, Leute. Es ist jetzt« – er macht eine kurze Pause und blickt hoch zu den roten Ziffern der großen Digitaluhr, die an der Wand hängt – »14 Uhr 47.«

Fourteenhundredfortyseven.

Bevor der Chefarzt den Behandlungsraum verlässt, beugt er sich ein letztes Mal über den Toten und klopft ihm sanft auf die Schulter.

»Wir brauchen hier eine Decke«, sagt er noch.

Wochenlang habe ich diesen Krieg so genommen wie Soldaten es tun. Tag für Tag, Patrouille für Patrouille. Ich habe verdrängt, was alles hätte passieren können oder noch passieren könnte. Ich bin versunken in dieser seltsamen Routine, in dieser Gewohnheit, die Menschen immer weitergehen lässt, egal welcher Horror um sie herum tobt. Gegessen, wenn es was gab. Geschlafen, wenn Zeit dafür war. Aufgestanden, weil es sein musste. Wege gegangen, zu denen es keine Alternative gab. In der Deckung von Erdhügeln Witze gerissen, weil man nichts anderes tun konnte. Mir einen ständigen Trippelschritt angewöhnt, weil das angeblich vor Scharfschützen schützt. Immer wieder das Lieblingsspiel von Soldaten gespielt: von zu Hause erzählen und Pläne machen für die Zeit, wenn man endlich raus hier ist. Abstumpfen ist das falsche Wort dafür. Man betäubt sich einfach mit Routine.

Doch nun – ein Sanitäter breitet eine Felddecke über den jungen Mann – versagt der Schutz dieser Routine schlagartig. Es ist, als wäre ich nach einem langen Weg bei der einzigen ewigen Wahrheit des Krieges angelangt: beim Tod. Tod in seiner brachialsten Form. Gewaltsam, ohne Abschied, augenblicklich, weit weg von allem, was man liebt. Fürs große Ziel sind immer nur die Toten auf den Gedenktafeln und Ehrenmahlen gefallen. Soundso viele sterben, damit soundso viele leben können – diese Mathematik der Feldherren funktioniert nur mit großen Zahlen. Nicht mit einzelnen, die elendig ihr Leben lassen und denen man ins Gesicht guckt, wenn sie sterben. Es gibt einfach nichts, gar nichts, wofür man mit zwanzig gerne stirbt. Alle Kraft, mit der ich durch die letzten Wochen gegangen bin, schwindet in diesem Moment. Als der Arzt dem Soldaten auf die Schulter klopft, fällt mir Thailand wieder ein. Der junge Mann auf dem Pickup-Truck, der den Sarg mit seiner toten Freundin streichelte. Man kann Mauern um sich herum errichten.

Aber es kommt immer der Moment, in dem sie zusammenbrechen. Ich fühle mich leer und dumpf.

»Drei Wochen, vier Tage«, höre ich die Kameraden des toten Soldaten immer wieder flüstern. In drei Wochen und vier Tagen wäre seine einjährige Dienstzeit im Irak zu Ende gewesen. In drei Wochen und vier Tagen wäre er in ein Flugzeug gestiegen und nach Hause geflogen.

Ich sitze nun wieder auf dieser Bank vor dem Operationssal und wieder ist diese Stille da, durchbrochen nur vom leisen Weinen der Soldaten, die fassungslos herumstehen und um ihren Kameraden trauern. Ein Krankenhaus, besonders im Krieg, ist darauf angewiesen, so schnell wie möglich zur Normalität zurückzufinden. So schnell wie möglich alle Spuren zu verwischen, die der Tod eben noch hinterlassen hat. Die Ärzte, Schwestern und Pfleger, die hier arbeiten, sind Meister des Verdrängens. Nach dem Toten ist vor dem nächsten Verwundeten. Sie versuchen immer, sich auf den nächsten Fall zu konzentrieren, nicht an den letzten zu denken. Meist kennen sie nicht mal die Namen der Soldaten, die sie gerade behandeln. In einem Lazarett zu gedenken, bringt niemanden weiter und keinen Soldaten zurück ins Leben. Es lenkt nur ab vom nächsten Patienten. Sanft aber bestimmt führt ein Pfleger die trauernden Soldaten raus aus der Notaufnahme. Sie sollen ihre Verzweiflung nicht hier ausleben, sondern draußen bei ihren Humvees, wo die Ärzte es nicht sehen, nicht spüren. Ein Putzmann aus Bangladesch bringt einen Eimer Wasser, um schnell das Blut von den Fliesen zu feudeln, das dieser junge Soldat hier eben verloren hat. Es dauert ein paar Minuten und die Notaufnahme ist zurück im Zustand dieser klinischen, kühlen Ruhe. Während ich noch auf der Bank sitze und versuche, meine Gedanken zu ordnen, schieben zwei Männer in grünen Kitteln die Bahre mit dem toten Soldaten an mir vorbei. Ich stehe auf, als der zugedeckte Tote an mir vorüber gerollt wird. Ich sehe die Umrisse seines Körpers, die sich unter der Decke abzeichnen, und schon ist er hinter einer verspiegelten Glastür verschwunden. All das ist sicher sinnvoll und notwendig, aber es widerspricht so sehr dem andächtigen, würdigen Umgang mit dem Tod, den wir im Frieden kennen. In solchen Momenten spürt man, wie einfach und alltäglich es im Krieg ist zu sterben. Die meisten Toten haben nicht mehr die Zeit, einem Freund ein paar letzte Worte zuzuflüstern, ihm einen letzten Gruß an die Eltern oder die Ehefrau mitzugeben, so wie es im Film ist. Ein Schuss fällt, ein Mann stürzt, das war's und alles muss irgendwie weitergehen.

Wenn ein US-Soldat im Krieg stirbt, wird der Körper einer Versorgungseinheit zugewiesen. In der logistischen Maschinerie des Krieges wird der Mensch ohne Seele und ohne Leben zu einem Stück Fracht, mit Frachtpapieren, einer Nummer und einer Kiste. Zum Menschen wird er erst wieder, wenn er zu Hause ankommt, in der Verzweiflung und den Erinnerungen seiner Familie.

In einem Coffeeshop sitze ich wenig später, rauche, trinke Kaffee, starre auf meinen Becher. Die Firma »Green Beans Coffee« betreibt diese Läden in fast allen Camps der amerikanischen Armee im Irak und in Afghanistan. Auf meinem Becher steht: »Von allen Einnahmen spendet Green Beans einen Teil an die Familien derer, die ihr Leben für unsere Freiheit gegeben haben.«

Ich denke an den jungen Soldaten. Ich frage mich, ob er in diesem letzten Moment seines Lebens auf dem Operationstisch selbst entschieden hat zu gehen, nicht mehr zu kämpfen. Einer der Ärzte hat gesagt, dass sein Leben nicht mehr lebenswert gewesen wäre, hätte er es geschafft. Aber wer kann das schon wirklich sicher sagen. Ich hoffe, dass er in diesem Moment irgendetwas Gutes gesehen hat. Irgendetwas, das es ihm leicht gemacht hat.

Ich frage mich, ob seine Eltern irgendwo in Amerika etwas ahnen.

Drei Wochen und drei Tage später bekomme ich die Antwort.

Zurück in Deutschland habe ich im Internet die Pressemitteilung des Pentagons für diesen Gefallenen gefunden. »Corporal William D. O'Brien, 19 Jahre alt, aus Rice (Texas) starb am 15. März 2008 in Bagdad durch feindliches Gewehrfeuer. Er gehörte zum 28. Infanterie Regiment, 1. Infanterie Division aus Fort Riley, Kansas.«

Ich habe seinen Eltern einen Brief geschrieben. Geschrieben, dass ich zufällig da war, als ihr Sohn starb. Dass er mir nicht mehr aus dem Kopf geht. Dass sie mich bitte anrufen mögen, wenn sie etwas über diese Momente erfahren wollen. Den Brief habe ich an das einzige Bestattungsinstitut in Rice, Texas, geschickt, mit einer kurzen Notiz, ihn bitte an die Eltern von William O'Brien weiterzuleiten.

Im Internet habe ich inzwischen auch Fotos von William O'Brien gefunden. Auf einem trägt er ein blau-weiß gestreiftes Hemd und guckt lässig in die Kamera, auf einem kniet er vor den blitzenden Felgen eines giftgrünen Lamborghini. Ein anderes Bild zeigt ihn lachend in Uniform hinter dem Maschinengewehr eines Humvees. Auf einer Internet-Seite haben seine Freunde Nachrufe hinterlassen. Sie klingen so wie alle Nachrufe auf Tote, die man im Leben nicht gekannt hat. Warmherzig sei er gewesen, zielstrebig, engagiert, patriotisch, mutig, entschlossen, sensibel, hilfsbereit, furchtlos, wundervoll. Sein Spitzname war Will, sein Lebensmotto »Family first, Golf second«, erst die Familie und dann gleich Golf, er starb zwei Wochen vor seinem 20. Geburtstag. Als sie ihn von der Kapelle in seinem Heimatort zum Friedhof gefahren haben, so lese ich, standen Hunderte Menschen entlang der Straße.

Ich versuche, mich ihm zu nähern. Ich habe das Bedürfnis, etwas über ihn erzählen zu können, ihn kennenzulernen. Er ist ein Teil meines Lebens geworden. Bei Google Maps sehe ich mir Satellitenbilder seines Dorfes an. Ich sehe Holzhäuser auf einem Schachbrett kleiner Straßen, in der Mitte schnurgerade zerschnitten von einer großen Straße, die quer durch Texas führt. Ich erfahre, dass seiner Mutter Dawn O'Brien ein Café im Ort gehört. Es gibt ein Foto von diesem Café.

Ich habe das Gefühl, der Wahrheit des Krieges näher zu kommen, je mehr ich über William O'Brien rauskriege. Je mehr man von einem Krieg sieht, desto weniger versteht man ihn. Je mehr man erfährt, desto schwieriger ist es, Schlüsse daraus zu ziehen. Der Wirtschaft geht es wieder besser, die Märkte sind geöffnet, aber es fließt auch wieder mehr Geld an Terroristen. Der Handy-Markt boomt, die Menschen können wieder miteinander kommunizieren. Aber gleichzeitig werden mit den Handys Bomben gezündet. Die Menschen halten Wahlen ab, sie bauen sich eine Demokratie auf. Und gleichzeitig blockieren die endlosen Debatten einer jungen Demokratie wichtige Entscheidungen und schwächen so das Vertrauen der Menschen in ihr neues System. Man verliert irgendwann den Überblick. In diesen Tagen versuche ich, im Tod dieses Jungen ein Stück unumstößliche Wahrheit zu finden, irgendwie.

Bei meiner Recherche stoße ich auf keine spektakulären Details. Ein normaler Junge aus einem normalen Dorf. Kein Übermensch, kein geborener Held. Es sind solche langweiligen, plötzlich abgeschnittenen Biographien, die zu Millionen auf den Friedhöfen aller Kriege liegen. Und mit ihnen ganze Generationen. Die Kinder der William O'Briens und deren Kinder.

An einem verregneten Nachmittag ruft mich Dawn O'Brien im Büro an. Es ist 16 Uhr 14. Ich schreibe mir die Uhrzeit sofort in mein Notizbuch, um mich etwas zu beruhigen. »Ich bin die Mutter von William«, sagt sie mit verweinter Stimme. »Sie haben mir geschrieben.«

Ich will etwas antworten, aber sie lässt mich kaum zu Wort kommen.

»Morgen wäre er zurückgekommen, wissen Sie. Ich weiß, dass er nicht mehr in dem Flugzeug sitzen wird. Wir haben ihn ja schon begraben. Ich habe ihn in seinem Sarg sogar noch einmal sehen dürfen. Aber ich denke trotzdem die ganze Zeit, ich werde in ein paar Stunden zum Flughafen fahren und ihn da abholen. Ich versuche, es in meinen Kopf zu kriegen, dass er tot ist. Aber das Begreifen kommt langsam wie Sand, jeden Tag ein Korn. Es heißt ja, dass Gott einem nicht mehr aufbürdet, als man tragen kann. Vielleicht würde ich durchdrehen, wenn ich es schon wirklich verstehen würde. Jedenfalls habe ich gedacht, Sie könnten mir vielleicht von diesem Tag erzählen. Wie Sie ihn erlebt haben. Wie Sie meinen Sohn erlebt haben. Wenn es Ihnen nichts ausmacht. Erzählen Sie mir einfach, wie es war. Ich will alles wissen. Erzählen Sie es mir, bitte.«

Ihre Stimme schwankt zwischen verweint und gefasst, und mal ist es ein Flehen. Ich erzähle ihr alle Einzelheiten, an die ich mich erinnere. Ich erzähle ihr vom Sandsturm, von den Minuten im OP, ich nenne ihr die Namen der Soldaten, die ihren Sohn zum Krankenhaus brachten. Ich erzähle ihr vom Leben, das noch mal kurz in ihren Sohn zurückgekehrt ist. Am Ende erzähle ich, wie er gestorben ist und der Arzt ihm auf die Schulter geklopft hat.

Das ist alles, sage ich.

Sie geht nicht ein auf das, was sie gerade gehört hat. Schweigt, weint leise, sagt dann zitternd: »Ich werde Ihnen erzählen, wie ich den Tag erlebt habe. Wenn Sie das wissen wollen ...«

»Natürlich.«

»Also, anderthalb Stunden, bevor Will auf diese Patrouille fuhr, habe ich noch mit ihm telefoniert, obwohl es bei uns ja noch sehr früh am Morgen war. Wir haben fast jeden Tag telefoniert, manchmal auch mehrmals. Wir haben uns für vier Uhr nachmittags unserer Zeit noch mal zum Telefonieren verabredet. Dann wäre es Abend bei ihm im Irak gewesen und er hätte mehr Zeit gehabt. Wir haben aufgelegt und wenig später muss seine Einheit gerufen worden sein, um andere Soldaten zu unterstützen, die in ein Gefecht geraten waren. So haben es mir zumindest die Leute von der Army erzählt. Am Nachmittag war ich dann in meinem Café. Ich habe ein kleines Café hier ein Rice. Samstagnachmittag ist unser wichtigster Tag. Da kommen die meisten Leute, aus der ganzen Umgebung. Um kurz vor vier habe ich dann das erste Mal auf mein Telefon geguckt. Will hat immer pünktlich angerufen, wissen Sie. Auf die Minute. Dann war es vier. Nichts. Kurz nach vier, immer noch nichts. Fünf nach vier – nichts. Zehn nach vier – nichts. ›Come on, William‹, habe ich gedacht. ›Ruf schon an.‹ Ich habe noch bis kurz vor fünf gewartet, dann bin ich nach Hause gegangen. Das würde ich sonst nie machen. Man lässt sein Café einfach nicht am Samstagnachmittag allein. Es gibt dann zu viel zu tun, wie ich ja schon gesagt habe. Aber irgendwie hatte ich das Gefühl, nach Hause zu müssen. Ich habe William nicht mehr gespürt. Das können Sie wahrscheinlich nicht verstehen. Aber als Mutter hat man so ein Gefühl. Ich habe ihn einfach nicht mehr gespürt, so wie ich ihn immer gespürt habe. Er war nicht mehr bei mir. Ich bin nach Hause gelaufen. Das sind nur ein paar Blocks vom Café. Als ich in unsere Straße einbog, sah ich vor unserem Haus einen Offizier und einen Militärpfarrer stehen. Sie wissen, was das bei uns heißt, oder?«

»Ja.«

»Sie haben mir gesagt, dass mein Sohn tot ist.«

Ich höre sie nun wieder weinen, am anderen Ende der Leitung, in Texas. Ich fühle mich schlecht, weil ich ihr diesen Brief geschrieben habe. Er hat mehr kaputt gemacht, als ihr geholfen, denke ich in diesem Moment. Es dauert ein bisschen, bis sie sich wieder fängt.

»Ich versuche einfach, so viel wie möglich über diesen Tag zu erfahren«, sagt Dawn O'Brien. »Ich weiß, dass William das nicht gut fände. Er würde nicht wollen, dass ich mich damit quäle. Aber ich hoffe irgendwie, dass es mir eines Tages helfen wird.«

»Können Sie mir ein bisschen was über William erzählen?«, frage ich.

»Oh, Sie haben doch gesehen, wie die anderen Jungs um ihn getrauert haben. So war er. Die Freude aller Menschen, die ihn kannten, wissen Sie. Er hat alle Menschen auf seine Art berührt. Er hat sich mit 17 zur Army gemeldet. Er wollte unbedingt dahin und hat mich und seinen Vater überredet, die Einverständniserklärung zu unterschreiben. Er war der Spaßvogel in seiner Einheit, der immer gute Laune verbreitete. Aber er hatte auch eine andere Seite, etwas Tiefgründiges. Er war schon sehr weise für sein Alter. Die Jungs in einem Platoon, einem Zug sind wie eine Familie, vielleicht noch enger als eine Familie. Ich habe noch einen Sohn, der Soldat ist. Letztes Jahr im Mai hat er im Irak seinen besten Freund verloren. Er ist direkt neben ihm erschossen worden. Ich habe es bei meinem älteren Sohn erlebt, wie es ist, wenn eine Einheit einen ihrer Jungs verliert, wie sie trauern. Es zerreißt ihr Leben. Ich weiß, dass sie sich die ganze Zeit fragen, warum es sie nicht selbst getroffen hat. Ich arbeite seit fast einem Jahr daran, meinen Sohn wieder aufzubauen. Und jetzt erlebe ich die andere Seite mit meinem jüngeren Sohn. Jetzt ist er tot. Ich muss die ganze Zeit an die anderen Jungs denken, die neben ihm im Humvee saßen, als sie zum Lazarett gefahren sind. Ich wünsche mir so sehr, das wäre ihnen erspart geblieben. William war ein besonderer Mensch. Er war immer der Mittelpunkt. Er hat die Leute zum Lachen gebracht. Auf seiner Beerdigung war sogar ein Brigadegeneral. Das zeigt doch, wie außergewöhnlich er war, oder?«

Ich erzähle ihr von dem Ritual, das sie im Lazarett von Bagdad »Angel Flight« nennen, den Engelsflug. Das Krankenhauspersonal stellt sich in zwei Reihen auf dem Hubschrauberlandeplatz auf und bildet ein Spalier bis zum Eingang der Notaufnahme. Ein Blackhawk landet und wartet mit drehenden Rotorblättern. Dann tragen vier Männer den Sarg, der in eine US-Fahne gehüllt ist, vom Krankenhaus zum Helikopter.

Am Gewicht des Sarges, hat mir einer der Träger erzählt, kann man oft erkennen, wie der Soldat gestorben ist. Wenn der Sarg schwer ist, war es meist eine Kugel. »Wenn der Sarg überraschend leicht ist, wenn wir ihn anheben, war es eine Bombe, die von dem armen Kerl nicht viel übrig gelassen hat«, sagt der Träger. Jeder Krieg, jede Katastrophe hat diese Details, die man so beiläufig erfährt und nie wieder wird vergessen können. Wie die Geschichte vom leichten Sarg. Dawn O'Brien sage ich nichts davon.

»Angel Flight«, wiederholt Williams Mutter dieses seltsame Wort. »Das ist schön.«

Ein Brigadegeneral am Grab, Salutschüsse, ein Engelsflug mit Spalier und Fahne – es gehört zu den Eigenartigkeiten des Krieges, dass die Menschen, die ihre Kinder dort verloren haben, ausgerechnet in den Ritualen des Militärs Kraft finden. Vielleicht suchen sie nach dem Grund, dem höheren Ziel, für das es sich zu sterben gelohnt hat. Nach der Fahne, die alles einhüllt.

Williams Mutter und ich verabreden, in Kontakt zu bleiben. Ich sage ihr, dass sie mich jederzeit anrufen kann. Sie bittet mich noch, ihr den Artikel zu schicken, den ich über ihren Sohn geschrieben habe. Ich muss an das raschelnde Geräusch denken, als sie William O'Briens Uniform, seine Uhr, seinen Schmuck in der Notaufnahme in einen Plastiksack gesteckt haben. Daran, wie seine staubigen Stiefel auf dem Boden neben diesem Sack standen. An all das, was ich seiner Mutter nicht erzählen kann. Wir legen auf und Tränen laufen mir übers Gesicht. Ich habe Dawn O'Brien seitdem noch ein paar Mal geschrieben. Aber sie hat nicht mehr geantwortet.

Im Sterben von William O'Brien, den ich im Leben nicht kannte, habe ich die Wahrheit über den Krieg gesucht, zumindest ein Stück davon, irgendetwas, was ich mit Sicherheit darüber sagen kann. Stirbt man tatsächlich für etwas? Oder stirbt jeder für sich allein? Ist irgendetwas den Tod eines solchen Jungen wert? Oder entscheidet am Ende bloß eine Laune der Geschichte darüber, ob er umsonst gestorben ist oder nicht? Ist William O'Brien ein Held? Oder ist er einfach nur verraten worden? »Das erste Opfer im Krieg ist immer die Wahrheit«, heißt es. Ich glaube das nicht. Es gibt erst gar keine große Wahrheit, die dem Krieg zum Opfer fallen könnte. Es gibt nur ein paar unumstößliche Fetzen, die ich gefunden habe: Menschen sterben. Je weiter man weg ist, desto genauer weiß man, wofür. Es ist nicht leicht, mutig zu sein. Ein toter Mann ist schwer zu tragen. Man gewöhnt sich daran, dreckig zu sein, man gewöhnt sich an alles. Angst ist ein demütigendes Gefühl. Soldaten können von dem tristesten Kaff, aus dem sie kommen, erzählen wie vom schönsten Ort der Welt.

Und es gibt ein Mosaik von Momenten des Leids, des Schmerzes, der Trauer, so verschieden wie die Menschen, die all das durchleben. Es gibt unzählige Augenblicke von Freundschaft, Kameradschaft, Mitgefühl und Heldenmut. Und es gibt das, was die Geschichte

irgendwann daraus macht. Eine andere Wahrheit habe ich nicht finden können, außer dass man verdammt schnell tot sein kann.

Afghanistan, Paktia-Provinz, Herbst 2007. Kurz vor Sonnenaufgang,
in der kältesten und dunkelsten Stunde der Nacht, erwache ich vom
Schreien eines Soldaten. »Incomiiiing«, brüllt Specialist William
Fox, der im Geschützturm eines Humvees Wache hält. Schwarze be-
helmte Schatten, die Umrisse von M-16-Gewehren in Händen,
hechten an meinem Feldbett vorbei. Gefangen in meinem Schlaf-
sack rolle ich mich auf den steinigen Boden, strample mich frei und
taste in der Dunkelheit nach meinem Helm. Um uns herum zucken
die Blitze einschlagender Mörsergranaten auf, in Bruchteilen von
Sekunden gefolgt vom fetzenden Knall der Explosionen. Dann wieder das bösartige Summen einer nahenden Granate in der Luft, Blitz,
Knall und zischend aufspritzende Steine und Splitter. Geduckt,
stolpernd, irgendwie schaffe ich es in unseren Jeep, reiße die schwere
gepanzerte Tür hinter mir zu und versuche, durch meinen rasenden
Atem hindurch die weiteren Einschläge zu zählen. Sechs oder sieben
Mörsergranaten sind es, dann ist Ruhe. Der Staub der letzten Tage
läuft mir in öligen Schweißperlen von der Stirn.

   »Schnappen wir uns die Bastarde!«, ruft einer der Soldaten in meinem Humvee. Der startende Dieselmotor lässt den Wagen vibrieren
und wir fahren los. Im Gegensatz zu den Soldaten habe ich kein
Nachtsichtgerät. Meine Augen können nur ausmachen, was der
schwache Mond beleuchtet, die bedrohlichen Zacken der Berg-
kämme, die uns umgeben. So ist der Krieg in Afghanistan, man
sieht immer nur schemenhafte Umrisse.

Seit zwei Wochen bin ich in diesem Land, in dem sich Weltmächte
aller Epochen aufgerieben haben. Afghanistan ist so schön wie

schmerzlich, so verzaubernd wie feindselig. Viele Feldherren haben den Weg hinein gefunden, aber die wenigsten wieder hinaus. Über den dramatischen roten Bergen scheint immer ein staubiger Schleier zu zittern. Im Sommer backen Sonne und heiße Winde die Erde, im Winter liegt der Schnee meterhoch. Die Menschen, die hier oft wie Geister aus dem Nichts auftauchen, sind wie ihre Landschaft, hart, karg, zerfurcht, unnachgiebig und schroff. Und schön, wenn sie noch nicht zu viele dieser glühenden Sommer und brutalen Winter hinter sich haben. Wer über diese ungnädige Bergkulisse fliegt, dem kommen schnell Zweifel, ob sich Afghanistan jemals beherrschen, befrieden oder gar demokratisieren lassen wird. Die letzten 2000 Jahre hat es jedenfalls nicht geklappt. Afghanistan hat viele fremde tote Soldaten im Flusslauf seiner Geschichte treiben sehen. Die Afghanen wissen, dass keine Armee der Welt gegen ihren Winter Krieg führen kann. Sie wissen, dass noch jeder Großmacht am Hindukusch irgendwann die Geduld ausgegangen ist. Mein Fotograf Till und ich sind embedded bei Fallschirmjägern der US Army, der 4-73rd Cavalry, 82nd Airborne aus Fort Bragg (North Carolina). Und wenn die Offiziere unserer Einheit mit alten Clanchefs in den Dörfern sprechen, ihnen ihre Vorstellungen von Freiheit und Frieden zu erklären versuchen, dann sehen diese afghanischen Männer sie an, wie man phantasierende Fieberkranke ansieht, fast mitleidig. Sie wissen, sie müssen nur warten und es wird vorbeigehen.

Kommandeur unserer Einheit ist Oberstleutnant David Woods, ein alter Infanterist, der im Feld am liebsten auf der Erde schläft und sich jeden Morgen im Außenspiegel seines Humvees nass rasiert, nicht mit Sprühschaum, sondern mit Seife und einem Pinsel, den er in England gekauft hat. Er und seine Soldaten operieren in einem Gebiet nahe der pakistanischen Grenze, in der Herzkammer der Taliban-Bewegung. Vor Beginn des Einsatzes, auf dem wir jetzt sind, hat er mir seinen Plan erklärt.

»Wenn wir die Taliban-Kämpfer jetzt nicht erwischen, verschwinden sie für den Winter nach Pakistan und wir verlieren sie. Deswegen fahren wir in ihre Dörfer, mitten rein in ihr Wohnzimmer, über die Straßen, die sie kontrollieren. Ein paar Jungs bauen sich mit durchgeladenen Gewehren hinter mir auf. Ich gehe zu den Häusern, klopfe freundlich an die Tür und sage: ›Wie geht's?‹ Entweder die Leute reden dann mit uns und verraten, wer die bösen Kerle sind. Oder sie sagen nichts. Wenn sie nichts sagen, warten wir, bis die bösen Jungs anfangen, auf uns zu schießen. Dafür müssen sie aus ihrem Versteck kriechen und dann machen wir sie platt.«

»Okay, und wo werden wir dabei sein?«, habe ich ihn gefragt.

»Ihr werdet direkt neben mir stehen.«

»Toller Plan«, habe ich noch gesagt. Aber ich glaube, meine Ironie entging ihm.

Sein Plan scheint aufzugehen. Wir haben die Nacht auf einem Hochplateau verbracht, gelegen zwischen zwei Dörfern, die als Taliban-Hochburgen gelten, die sechs Humvees zu einer Wagenburg im Kreis geparkt. »Es ist wie im Pfadfinderlager, nur dass man dabei draufgehen kann«, hat einer der Soldaten zu mir gesagt, als ich mich zum Schlafen auf das Feldbett gelegt habe. Ich habe gelacht. Im Krieg lacht man über die irrsten Sachen.

Wir jagen die Männer, die auf uns geschossen haben, durch die Nacht. Zwei oder drei werden es wahrscheinlich sein. So viele braucht man, um einen Granatwerfer und die Munition zu tragen. Oberstleutnant Woods hat zwei weitere Einheiten und zwei Apache-Hubschrauber zur Verstärkung gerufen. Es sind nun 18 schwer gepanzerte, hochgerüstete Jeeps, 90 Mann mit Nachtsichtgeräten und Laserzieloptik an ihren Gewehren und die zwei Hubschrauber mit Wärmebildkameras, die ein paar Bauernsöhne in Sandalen durch die Berge hetzen. Übermächtig und doch hilflos in diesem Terrain voller Höhlen, Böschungen, Gräben und Felsvorsprünge. Es ist eine Geisterjagd mit einer Milliarden-Dollar-Armee. Der Feind sieht aus wie ein Zivilist und der Zivilist wie ein Feind.

Die Situation erinnert mich an den Western »Fort Apache« mit Henry Fonda und John Wayne. Henry Fonda spielt den jungen Colonel, der das Kommando über ein abgelegenes Fort übernehmen soll. »Wir haben Apachen auf dem Weg hierher gesehen«, sagt Fonda nach seiner Ankunft zu dem von John Wayne gespielten alten Haudegen, übermotiviert. »Wenn Sie sie gesehen haben«, antwortet John Wayne, »waren es keine Apachen.«

Die US-Soldaten in Afghanistan und im Irak haben sich ein Spiel ausgedacht, das ihre Hilflosigkeit sehr gut beschreibt. Wenn sie über Märkte patrouillieren, durch Straßen, vorbei an großen Menschenmengen oder wenn sie bei den oft endlosen Stammes- und Ältestentreffen dabei sitzen, spielen sie »Pick the terrorist«. Jeder Soldat sagt, wen in der Menge er für einen Terroristen hält. Sie spielen es mit großer Begeisterung, obwohl sie nie erfahren, wer von ihnen Recht hat.

Ich sehe nichts von dieser Jagd, ich höre nur ihre Geräusche. Wie unsere Humvees gegen das Gelände anheulen, wie die Achsen knallen, wenn wir in ein Schlagloch fahren, immer wieder Schüsse, fluchende Soldaten und über Kopfhörer den rauschenden Funkverkehr, der klingt wie aus einem Science-Fiction-Film, Koordinaten, Befehle, militärische Codes, der Sound einer surrealen Welt. Irgendwann schlafe ich ein und wache erst wieder auf, als es hell ist und frische Luft durch den Humvee weht. Unser Jeep steht mit geöffneten Türen auf einem Feld, ein paar Meter weiter pinkelt

einer der Soldaten gegen einen Erdhügel. Die Jungs mit dem Granatwerfer haben sie nicht schnappen können. Also haben sie jetzt ein
weites Stück Land eingekreist, abgeriegelt und warten darauf, dass
die Geister einen Fehler machen.

Über einen Friedhof – zerbrochene Grabsteine, wehende Trauer-
flaggen in der grünen Farbe des Islam – kommen Kinder gelaufen
und bestaunen uns aus sicherer Distanz. Ich betrachte sie und frage
mich, wer von ihnen zur Schule gehen und wer sich den Taliban
anschließen wird. Wer den Weg in eine größere Stadt finden und
wer ein Gewehr in die Hand nehmen wird. Wer leben und wer sterben wird. Ich habe das schon häufiger überlegt, in Dritte-Welt-Län-
dern, in den Elendsvierteln Afrikas und Asiens, in Krisengebieten.
Es ist wie »Pick the terrorist«. Es passiert ganz automatisch. Ich sehe
mir die Gesichter der Kinder an, sehe, wer stark und wer schwach
aussieht. Wer offenbar genug zu essen bekommt und wer meist leer
ausgeht. Hier in Afghanistan ist ihr Trinkwasser verdreckt, fast 20
Prozent der Kinder erleben ihren fünften Geburtstag nicht, die Ma-
sern sind die Todesursache Nummer eins. Sie haben Gesichter, wie
man sie von den Plakaten der Hilfsorganisationen kennt. Nur viel
trostloser wirken sie, hoffnungsloser, gieriger, ausgezehrter.
Manchmal glaube ich, dass selbst die kleinsten von ihnen schon
durchschaut haben, dass ihnen niemand wirklich helfen wird. Die
einen leben und die anderen sterben. Von jeder Reise erinnere ich
mich an einige dieser Gesichter. Sie sind wie ein Friedhof der Zukunft in meinem Kopf.

»Dieses Land ist einfach ein gottverfluchtes Höllenloch«, sagt Sergeant Jason McCormick, während er sich über einem Feuer Kaffee
kocht. »Wenn uns jetzt jemand angreift und ich meinen Kaffee nicht
in Ruhe trinken kann, dann gibt's Tote, das schwöre ich.«

»Wissen Sie, was ich nicht verstehe, Sergeant?«, fragt der Soldat
Cory Major, der unseren Humvee fährt. »Die Leute hier wissen,
wie man diese verdammten Bomben bastelt, um unsere verdammten Trucks in die Luft zu jagen. Aber sie wissen nicht, wie sie sich
ihren verdammten Arsch mit Klopapier abwischen. Stattdessen
benutzen sie angeblich die Hand. Haben Sie schon mal so was gehört?«

»Ist halt ein verrücktes Land. Deswegen sind wir ja hier«, antwortet Sergeant McCormick.

»Da haben Sie recht, Sergeant. Aber ich bin froh, wenn wir wieder
zu Hause sind, das sag' ich Ihnen. Bis dahin passe ich auf, dass wir
nicht auf so eine verdammte Scheißbombe fahren. Ich komme erst
wieder nach Afghanistan, wenn es hier ein Hilton Club Hotel mit
einer Bar, einem Weinkeller und einem 18-Loch-Golfplatz gibt.«

Sergeant McCormick und ich setzen uns in den Schatten des
Humvees und frühstücken. Er hat sich ein Fertiggericht mit Hack
warm gemacht, ich Tortellini mit Käse. McCormick ist aus Coshoc-
ton, Ohio, »an guten Tagen elfhundert Einwohner«. Er schielt und
spricht ein breites Wildwest-Englisch, das selbst seine Männer
kaum verstehen. Er kommandiert 25 Soldaten und war schon zwei
Mal im Irak. Drei Mal ist er bisher auf versteckte Sprengsätze gefahren. Er ist älter als die anderen Soldaten, 27. Wenn die Jüngeren in
der Einheit über den Krieg sprechen und sich mehr »action« wünschen, sitzt McCormick meist schweigend abseits. In seinem Blick
liegt eine seltsame, milde Verwunderung darüber, dass diese Jungs
sich noch für unverwundbar halten. Er hat genug Freunde sterben
sehen, um nicht mehr über Politik sprechen zu wollen. Als ich ihn
frage, in welche Richtung dieser Krieg geht, sagt er: »Das weiß kein
Mensch. Ich zumindest weiß es nicht. Manchmal sieht man Fort-
schritte. Aber wie es insgesamt aussieht – keine Ahnung. Ich bin

hier, damit mein Sohn nicht eines Tages hierher muss. Ich habe hier 25 Jungs und keinem von ihnen kann ich versprechen, dass er wieder nach Hause kommt. Trotzdem machen sie ihren Job. Das zählt für mich, nicht die Politik. Was Soldaten über die Politik denken, hat im Krieg eh noch nie gezählt.«

Wir reden über die IEDs (Improvised Explosive Device), die Sprengsätze entlang der Straßen, die schon Tausende US-Soldaten zerrissen haben. IEDs sind die tödlichste Waffe der Aufständischen, sowohl in Afghanistan als auch im Irak. Anfangs bestanden sie nur aus Sprengstoff, der in Stahlbehälter gepresst war. Bei der Explosion ging der Druck in alle Richtungen und wenn die Soldaten Glück hatten, hielt die Panzerung ihrer Fahrzeuge stand. Die neuesten »IEDs« aber sind professionell gefertigt. Sie liegen versteckt am Straßenrand und werden über Handys ferngezündet. Der Sprengstoff bringt eine aufgesetzte Kupferplatte zum Schmelzen und schießt sie als Pfeil aus flüssigem Metall auf das Fahrzeug. Es gibt keine Panzerung, die diese Kupfergeschosse aufhalten kann. Sie durchschlagen alles und entladen ihre vernichtende Energie im Inneren der Wagen, hinein in die Beine, Arme, Köpfe, Oberkörper der Soldaten. Man sitzt in den schweren Humvees, eingezwängt in dieser kantigen, schaukelnden Stahlkonstruktion, geht sein Leben nach Schwächen und Sünden durch und verspricht, verspricht irgendwem, sich zu bessern, wenn man da nur heil raus kommt. Ich habe noch keinen Soldaten kennengelernt, der nicht so gedacht hat. Man rechnet sich aus, dass es einen selbst sicher nicht trifft, bei all den Patrouillen, Jeeps, Panzern, die jeden Tag über die Straßen rollen. Man stellt die absurdesten Wahrscheinlichkeitsrechnungen auf. Es ist wie mit dem Mann, der auf jeder Reise eine Bombe mit ins Flugzeug nimmt, weil es unwahrscheinlich ist, dass in einem Flugzeug gleich zwei Bomben sind.

»Du rast eine Straße runter, full speed, und hoffst, dass es Dich nicht erwischt. Ein Konvoi überholt Dich und Du siehst, wie sie ein paar hundert Meter weiter in die Luft gejagt werden«, erzählt McCormick. »Du weißt, dass diese Bombe eigentlich für Dich bestimmt war. Dann steigst Du aus und sammelst auf, was von den Jungs noch übrig ist. Manchmal hast Du sie gekannt, manchmal kannst Du nicht mehr erkennen, ob Du sie gekannt hast. Wenn ich zurück zu Hause bin, will ich das alles nur noch vergessen und mit meinem Jungen angeln gehen.«

Sein Sohn sei vier Jahre alt, sagt McCormick, und schicke ihm regelmäßig selbst gemalte Bilder nach Afghanistan. »Auf einem waren fliegende Panzer, die in der Luft Kettenspuren hinterlassen. Er bringt da manchmal noch ein paar Sachen durcheinander.«

Wir alle erzählen von zu Hause. Von unseren Familien, von der Landschaft, von Bars, Frauen, Autos, Partys, von der Schule, unseren Eltern. Auf die Seelen der Soldaten, glaube ich, wirken diese Geschichten wie eine schusssichere Weste. Je mehr sie von zu Hause erzählen, desto unwirklicher scheint der Gedanke, nicht mehr zurückzukommen. Sie zeigen mir eingeschweißte Fotos von ihren Kindern, sie beschwören ihre Heimkehr. So vergeht der Tag, langsam und staubig, bis in der Dämmerung wieder Schüsse fallen.

Irgendwo sind die Gespenster aufgetaucht. Die Jagd beginnt von vorn. Sie dauert lang, aber im Funk höre ich diesmal, wie sich das Netz zuzieht. Wir rasen querfeldein, geleitet von den Bildern einer Drohne, die über uns schwebt und die flüchtenden Taliban filmt. Auf einem Schwarz-Weiß-Monitor in unserem Humvee sehe ich die leuchtenden Umrisse der drei Männer, wie sie Haken schlagen und Deckung suchen. Sie haben die Gestalt von Menschen, Köpfe, Arme, Beine kann ich erkennen. Aber das Videobild macht sie zu lebensfernen, unwirklichen Figuren in einem Computerspiel. Sie fliehen, wir jagen. Wenn ich heute darüber nachdenke, habe ich mir in diesem Moment wahrscheinlich gewünscht, dass wir sie erwischen. Durch das Panzerglasfenster des Humvees sehe ich, wie die Staubwolken der Wagen immer weiter aufeinander zuwirbeln. Es ist wie ein Sturm aus Stahl, Motorlärm und Gewalt, der auf diese drei Männer von allen Seiten zurast. Noch einmal kurz scheinen sie alle zu entwischen, sie verschwinden vom Monitor, dann höre ich wieder Schüsse. Wenig später knistert es in meinem Funkkopfhörer: »KIA! Enemy KIA!« »Feind« und das Kürzel für »killed in action«, im Gefecht getötet. Und dann: »One KIA, two on the run.« Einer der drei Männer ist tot, die anderen beiden konnten entkommen.

Wenig später stehen wir in einem Acker, der von grüner Böschung eingerahmt ist. An einigen Stellen, dort wo die Humvees durchgebrochen sind, sind die Sträucher niedergewalzt. Auf der grauen Erde liegt bizarr verrenkt ein toter Junge, 18, 20 Jahre alt. Ein Stück des Unterleibs fehlt, wo die Kugeln vom Kaliber .50 ihn getroffen haben. Neben ihm liegt seine Kalaschnikow. Die Kleidung ist ärmlich. Ich kann mich nicht abwenden, ich starre auf sein blutiges Hemd und seine Haare, die der Wind bewegt. Ein junger Mann, der tot im Staub liegt, ist immer ein beschissener Anblick, egal wofür er gekämpft, an welchen Irrsinn er geglaubt hat.

Oberstleutnant Woods steht plötzlich neben mir. Mit seinem Stiefel tritt er gegen die Kalaschnikow.

»Er ist mit dem Ding in der Hand aus dem Busch vor unseren Humvee gesprungen«, sagt Woods. »Das Gewehr war nicht mal durchgeladen. Es ist wirklich eine Schande. Wir haben es immer wieder mit diesen Bubis zu tun, die völlig untrainiert aus den Koranschulen in Pakistan zurückkommen und sich mit uns anlegen. Manchmal erwischen sie einen von uns, aber eigentlich haben sie keine Chance. Wir töten sie und dann kommen die nächsten. Irgendwann muss dieser Irrsinn mal aufhören. Ich muss morgen den Leuten im Dorf erklären, warum wir ihre Söhne abknallen. Ich hasse es.«

Der Tote hat ein Handy, ein Nokia, bei sich. Früher erkannte man die Bösen in Afghanistan an ihren Satellitentelefonen. Inzwischen haben selbst die entlegensten Dörfer Mobilfunkempfang. Fast jeder hat so ein Telefon. Die Menschen in Afghanistan können wieder leichter kommunizieren, die Guten wie die Bösen.

Woods fragt mich, ob ich wisse, wo auf dem Handy Fotos und Filme abgespeichert sein könnten.

»Klar«, sage ich.

Er drückt mir ein paar Gummihandschuhe und das Telefon in die Hand. Es ist verkrustet von Blut. Ich versuche nicht daran zu denken, dass ein Herz dieses Blut eben noch durch einen lebenden, fliehenden, schnell atmenden Menschen gepumpt hat. Auf dem Handy finde ich Clips von explodierenden Humvees im Irak, von Bombenanschlägen auf US-Soldaten. Aber auch Filmchen, in denen nackte Frauen zu indischer Musik tanzen. Soviel zum Heiligen Krieg, denke ich.

Eine Patrouille wird zusammengestellt. Sie soll losziehen und in den umliegenden Dörfern nach Verwandten des Toten suchen, damit er nach muslimischem Ritus innerhalb von 24 Stunden begraben werden kann. Wir hingegen fahren weiter, das Handy liegt in unserem Humvee zwischen Munition, Fertiggerichten und Energydrinks. Und plötzlich ruft jemand an. Als Klingelton ist eine gesungene Koran-Sure eingestellt. Wir alle starren das Telefon an. Keiner will es anfassen und den Anruf wegdrücken. Es wird noch oft klingeln an diesem Abend und wir tun so, als hörten wir es nicht. Aber ich kann nicht aufhören zu denken, dass es vielleicht die Familie des getöteten Jungen ist, die da anruft. In dieser Nacht fühle ich mich elendig einsam in der gigantischen Verschwendung des Krieges.

»Hat jemand gehört, wie es Dewey so geht?«, fragt irgendwann einer der Soldaten in meinem Humvee.

Und ein anderer antwortet: »Ganz okay. Er gewöhnt sich wohl langsam daran, dass er keine Beine mehr hat.«

Irak, Bagdad »Green Zone«, Frühjahr 2008. Keine Beine. Das ist das erste, was mir auffällt, als sie die Trage aus dem Hubschrauber heben. Der Mann, der darauf liegt, hat keine Beine mehr. Sein Oberkörper endet in einem roten Brei aus Uniformfetzen und Fleisch etwas unterhalb der Hüfte. Das Gesicht des Mannes ist grau und versteinert, seine Augen sind zugekniffen, sein Mund ist so verzerrt, dass ich seine krampfhaft zusammengebissenen Zähne sehe. Die Wangenknochen drücken schon durch die Haut, sein Gesicht ist ein spitzes Standbild des Leids. Ich sehe in dieses Gesicht und denke, dass all das, was man Tapferkeit nennt, meist nur der verzweifelte Versuch ist, nicht zu sterben.

Zwei Rettungshubschrauber der US Army sind vor dem »Bagdad ER« gelandet. Ihre Rotorblätter wirbeln die Hitze des Tages zu einem brennenden, sandigen Sturm auf. Geduckt stehe ich neben dem Hubschrauber und sehe, wie noch mehr Verwundete ausgeladen werden. Vier sind es insgesamt. Vier Männer, die in ihrem gepanzerten Truck von einer Bombe getroffen wurden, von den Pfeilen aus flüssigem Kupfer. Einer kann noch selbst gehen, gestützt auf einen Sanitäter. Die anderen liegen auf Tragen. Ihre Oberkörper versuchen sich gegen die Schmerzen aufzubäumen, aber in ihnen ist nur noch die Kraft für ein Zucken. Ein Mann hat seine Füße verloren. Seine leeren, roten, von Schrapnell durchsiebten Stiefel stehen neben ihm auf der Trage. Er ist bei Bewusstsein. Ein Sanitäter drückt eine Sauerstoffmaske auf sein Gesicht, wohl auch damit er sich nicht aufrichtet und erblickt, was die irre Verzweiflung in seinen Augen verrät – dass er nichts mehr spürt am Ende seiner eben noch gesunden Beine, außer glühenden Schmerz.

Die Sanitäter bringen die Verwundeten in die Notaufnahme, ich renne ihnen hinterher. »Wie sinnlos ist alles, was je geschrieben, getan, gedacht wurde, wenn so etwas möglich ist! Es muss alles gelogen und belanglos sein, wenn die Kultur von Jahrtausenden nicht einmal verhindern konnte, dass diese Ströme von Blut vergossen wurden, dass diese Kerker der Qualen zu Hunderttausenden existieren. Erst das Lazarett zeigt, was der Krieg ist.« So heißt es in Remarques »Im Westen nicht Neues«. Und so ist es auch in diesen Minuten in der Notaufnahme. Mit den Errungenschaften der Medizin kämpfen die Ärzte gegen das, was die Errungenschaften der Waffentechnik angerichtet haben. Ich sehe die klaffenden Löcher in den weißen Beinen der Soldaten. Der Herzschlag der Männer pumpt in jeder Sekunde neues Blut durch diese Löcher auf den Boden. Auf dem Boden bilden sich dunkle Pfützen. Ich höre, wie die Soldaten schreien, wie sie weinen. So gedämpft, wie diese furchtbaren Laute unter der Sauerstoffmaske hervordringen, klingen sie weit weg, wie aus einem Alptraum. Ich sehe, wie die Soldaten in ihre Narkose wegdämmern, höre, wie ihre Schmerzen langsam leiser werden, »Wir lassen Dich jetzt schlafen, Dave«, sagt einer der Ärzte. In einen Schlaf, aus dem sie als Krüppel aufwachen werden. Als Gezeichnete, Amputierte, junge Männer, die den Krieg für den Rest ihres Lebens sehen werden, wenn sie an sich hinunterblicken.

»Das Wichtigste ist«, hat mir einer der Ärzte vorhin erzählt, »die Jungs zu stabilisieren. Sobald wir sie so weit haben, dass sie den Weg zum OP überleben, übergeben wir sie in die Hände der Chirurgen. Die entscheiden dann, ob sie amputieren müssen oder nicht.«

Der Soldat ohne Beine hat vier Liter Blut verloren. Seit der Explosion ist eine halbe Stunde vergangen. Es ist ein kleines Wunder, das hier vor meinen Augen geschieht. Er überlebt, sie alle überleben. Die Arbeit der Ärzte ist brillant und professionell. Aber wie sie an den drei Tragen stehen, sehen sie aus wie in einem modernen Gemälde vom Ende aller Menschlichkeit. Umgeben von Maschinen, Computern, im künstlichen Licht, ihre Hände auf die grauenvollen Wunden gepresst, ihre Kittel mit Blut bespritzt, zu ihren Füßen die Plastikbeutel leerer Plasmakonserven und verkrustete Verbände. Es ist eine tosende, tobende Brutalität, in der diese Ärzte arbeiten. Aber ihre Augen sind kühl und fast reglos. Es ist der entrückte, ruhige Blick, der Leben rettet. Und den man nie wieder los wird. Ihre Augen sind, als würde alles, was sie sehen, da drin hängenbleiben und schon längst nicht mehr zum Gehirn vordringen. Ihre Augen sind wie ein schmutziger Filter, der vor ihrer Seele hängt.

Später unterhalte ich mich noch lange mit den Ärzten. »Manchmal nimmt es einen schon mit«, ist noch der emotionalste Satz, den ich von ihnen zu hören kriege. Sie sind in ihrer eigenen Welt. Wenn ich ihr Patient wäre, wäre ich dankbar dafür. Wenn ich mit ihnen verheiratet wäre, würde ich daran verzweifeln.

Aus den Operationssälen hören wir, dass bei allen vier Soldaten Füße, Unterschenkel oder gleich die ganzen Beine amputiert werden mussten. Aber sie alle sind stabil und sollen noch in der Nacht ins US-Lazarett in Landstuhl ausgeflogen werden. Inzwischen ist auch ihr Kommandeur in der Notaufnahme eingetroffen. »Besorg mir schleunigst ein paar Purple Hearts«, befiehlt er einem Soldaten. »Die sollen die Jungs noch kriegen, bevor sie ausgeflogen werden.« Das Purple Heart ist der Verwundetenorden der US-Army. Ein lilafarbenes, ziemlich kitschiges Stück Kunststoff mit dem goldenen Relief von George Washington. Ich muss an das denken, was mir einer der Fallschirmjäger in Afghanistan gesagt hat, als wir über das Purple Heart gesprochen haben: »Was soll man zu einem sagen, der das Ding verliehen bekommt? Mach weiter so!?«

Für uns in Deutschland erscheint es absurd, dass man Menschen, die noch zwischen Leben und Tod hängen, einen Orden auf ihr Krankenhaushemd pinnt. Aber so ist Krieg (wir haben es nur einfach vergessen), es muss immer ein Ritual geben, eine Antwort, eine Geste, eine Routine. Ohne diese Routine würden die Menschen, aus denen der Krieg besteht, einfach aufhören weiterzugehen. Männer töten und sterben und leiden, einfach weil es ihrer Routine widersprechen würde, es nicht zu tun.

Wir erkundigen uns, ob wir den leicht verletzten Soldaten interviewen dürfen. Über eine Krankenschwester lässt er uns ausrichten, dass er mit uns sprechen würde, mit jedem sprechen würde, einfach erzählen will, was passiert ist. Sein Name ist Austin Bewley, zwanzig Jahre alt, aus Tennessee. Als wir sein Zimmer betreten, liegt er auf seinem Bett und starrt an die Decke. Es dauert einen Moment, bis er sich uns zuwendet, so als wäre sein Blick gefangen von dem, was er gerade sieht. Rund um seine Augen, die von einer Brille geschützt waren, ist das Gesicht übersät mit kleinen Splitterwunden, wie Stiche eines aggressiven Insektenschwarms. Seine rechte Hand ist dick verbunden, am Kragen seines frischen, weißen T-Shirts steckt das lila Verwundetenabzeichen.

»Danke, dass ihr vorbei gekommen seid«, sagt er, als er uns wahrnimmt.

Ich erkläre ihm, warum wir hier sind, dass wir gesehen haben, wie seine Freunde rein getragen wurden, wie er ins Krankenhaus humpelte und frage ihn, was passiert ist. Woran er sich erinnern kann.

Er erzählt mir die Geschichte eines Tages, die typisch ist für Soldaten, die es erwischt. Ich habe schon von vielen gehört, dass sie vorher ein schlechtes Gefühl hatten. Ein schlechtes Gefühl, wie noch
nie zuvor in ihrem Leben.

»Es war seltsam, Mann. Wir sind eigentlich eine lustige Truppe,
weißt Du. Wir machen Scherze, wir gehen uns gegenseitig auf die
Nerven, wir quatschen die ganze Zeit irgendeinen Schwachsinn.
Heute Morgen war es irgendwie anders. Wir haben unseren Wagen
fertig gemacht und zuerst nicht viel geredet. Wir hatten alle kein
gutes Gefühl. Wir wussten, dass auf den Straßen ein paar Jungs unterwegs waren, die uns nicht besonders mögen. Wir haben dann
über die ganze Scheiße gequatscht, über die Bomben, über das
Purple Heart, über Verwundungen und den ganzen Mist. Mann,
ich könnte schwören, dass unser Teamleader was geahnt hat. Er war
in so einer verdammt depressiven Stimmung. Er war todernst. Ich
wollte ihn die ganze Zeit fragen, was mit im los ist. Hab's nicht gemacht. Jetzt ärger ich mich drüber. Hätte ich ihn mal gefragt. Ich
weiß, dass er dieses Gefühl hatte. Wir alle hatten es. Aber wir haben
uns eingeredet, dass es so viele Konvois gibt, so viele von unseren
Wagen auf dieser Straße. Mann, warum sollte es denn ausgerechnet
uns treffen? Aber unser Teamleader hatte diesen verdammt düste-
ren Blick. Ich kenne ihn, wir kennen uns alle. Wir sind beste
Freunde, weißt Du. Wir sind in Kaiserslautern stationiert. Unsere
Frauen sind befreundet. Die Frau unseres Teamleaders ist hoch-
schwanger. Ihr Kind müsste bald da sein. Wir grillen zusammen,
wenn wir in Deutschland sind und all das.

Wir fahren also los. Man kann aus den Wagen kaum rausgucken,
weil die so vollgepackt sind mit Panzerung. Wir haben ein bisschen
gequatscht, über unsere Funkgeräte, aber nicht wirklich viel. Ich
weiß, dass ich meinen Handschuh ausgezogen habe. Deswegen hat

es meine rechte Hand auch so übel zerlegt. Ich wollte irgendwas greifen, keine Ahnung mehr was. Auf einmal sehe ich diesen Blitz, bumm, der ganze Wagen ist schlagartig hell für einen winzigen Moment. Dann ist sofort der schwarze Rauch da, der ganze Wagen ist voll. Zehn Sekunden lang ist es völlig still. Als wären wir alle tot. Mein Gesicht brennt wie Feuer. Meine Augen sind voller Blut. Dann fängt unser Bordschütze an zu schreien: ›Meine Beine, meine Beine, meine Beine, meine Beine!‹ Fuck, ich bin einfach durchgedreht. All das Blut. Ich hab nichts mehr gesehen. Irgendwer hat mich dann aus unserem Truck gezogen. Draußen hat mir jemand das Blut aus den Augen gewischt. Da lag unser Teamleader auf dem Boden ohne seine verdammten Beine und so weiß, ich schwöre, ich dachte, er wäre tot. Ich sollte an diesem Tag eigentlich auf seinem Platz im Wagen sitzen. Jetzt lag er da ohne Beine, wie tot. Ich hab nicht gedacht, dass er es schaffen könnte. Im Hubschrauber auf dem Weg ins Krankenhaus habe ich ihm die Sauerstoffmaske aufs Gesicht gedrückt. Sein Gesicht war grau, Mann, einfach nur grau. Ich weiß nicht, ob das richtig ist, weißt Du, aber ich habe die ganze Zeit gedacht: zum Glück liege ich da nicht, zum Glück hat es nicht mich erwischt. Ich denk das die ganze Zeit. Ich will's nicht denken, aber ich werd's nicht los. Damit muss ich wohl leben, was?«

Wir reden noch eine Weile. Austin erzählt mir, dass er Angst davor hat, irgendwann zu seiner Einheit zurückzumüssen, wenn es ihm besser geht. Und dass ihm seine Angst peinlich sei. Er erzählt mir, dass er sich schämen würde, die Frauen seiner Freunde wiederzusehen. Er, der einzige, der an diesem Nachmittag dabei war und noch auf seinen eigenen Beinen stehen kann.

Ich erzähle ihm von einem Soldaten, den ich ein paar Tage zuvor getroffen habe. Nachdem er mit seinem Panzer zwei Mal auf eine Bombe gefahren war, hatte die Army ihn nach Hause geschickt, zur

Erholung. Er ist mit seiner Freundin nach Disney Land gefahren, weil das »der fucking friedlichste Ort« war, den er sich vorstellen konnte. Als neben ihm ein Kind einen Luftballon zerstochen hat, habe er seine Freundin auf den Boden in Deckung gezerrt. »Alle haben mich angestarrt«, hat er mir erzählt. »Das war ganz schön peinlich, Mann.« Inzwischen ist dieser Soldat wieder zurück im Irak, zum dritten Mal. Er hat einen Bürojob, weil er sich nicht mehr in den Panzer traut. »Ich bin mir selbst den ganzen Tag lang peinlich«, hat er zu mir gesagt. »Ich habe angefangen zu trinken. Ich habe versucht, mich umzubringen. Meine Freundin hat trotzdem zu mir gehalten. Sie haben mir Pillen verschrieben, aber es wird nicht besser. Ich muss einfach damit leben.« All das erzähle ich Austin, er hört zu, aber irgendwie auch nicht. Dann sagt er: »Wir müssen wohl alle mit irgendwas leben.«

»Wahrscheinlich schon«, sage ich.

Wochen später schickt er mir eine E-Mail und bittet um die Fotos, die Till an jenem Tag von seinen verwundeten Freunden gemacht hat. Er wolle noch einmal sehen, was da passiert sei, er könne sich an nichts mehr erinnern. Er wolle es verstehen.

Seit den Tagen im Lazarett falle ich beim Rascheln von Plastiktüten jedes Mal in eine kurze Starre. Ein Rascheln, das ich gehört habe, als sie die Uniformen, Ketten, Uhren, Zigaretten, Kaugummis, Talismane, Fotos und Brieftaschen der verwundeten Soldaten im Lazarett in Plastiksäcke gesteckt und eine Nummer und einen Namen darauf vermerkt haben, mit Edding.

Während ich dies schreibe, bewege ich meine Beine, meine Zehen. Ich spanne meine Unterschenkel an, dann meine Oberschenkel. Ich belaste meinen rechten Fuß, dann meinen linken. Jeden Tag mache ich das ein paar Mal. Manchmal, wenn ich joggen gehe, versetzt mir der Gedanke an meine gesunden, laufenden Beine einen Schlag. Vielleicht bilde ich es mir ein, aber seit jenen Tagen im Lazarett meine ich, mit meinen Beinen intensiver zu fühlen. Harten, trockenen Beton, auf dem ich laufe, weichen Waldboden, der mein Gewicht abfedert. Oder, selten, tiefer Sand am Strand, in dem jeder Schritt sanft versinkt. All das nehme ich plötzlich genauer, eindringlicher wahr, als wären meine Beine und mein Gehirn näher zusammengerückt.

An manchen Tagen wache ich auf und sehe meine zerknautschte Jeans vor dem Bett liegen und denke, dass die gestauchte Hose aussieht wie ein Unterkörper ohne Beine.

Manchmal gucke ich liebevoll auf meine nackten Zehen, nach dem Duschen oder am Strand. Kein Mensch guckt liebevoll auf seine Zehen. Außer wenn man den Krieg im Irak gesehen hat.

Ich war nur ein paar Wochen im Irak, nicht Monate oder Jahre. Und trotzdem trage ich etwas davon in mir. Wie alle, die da waren. Ich war freiwillig im Irak, weil ich sehen wollte, wie es ist. Ich kann mich also nicht beklagen.

»Du bist freiwillig hier?«, fragte mich ein Soldat während einer Fußpatrouille durch ein Feld nördlich von Bagdad.

»Ja.«

»Aber Du kriegst einen saftigen Bonus dafür, oder?«

»Nein, nichts.«

Er überlegte einen Moment.

»Das heißt, Du kannst jederzeit abhauen, wenn Du willst?«

»Ja, jederzeit.«

»Shit, wenn ich hier abhauen könnte, wann ich wollte, wäre ich vor acht Monaten und elf Tagen nach Hause geflogen.«

»Seit wann bist Du im Irak?«, fragte ich.

»Seit acht Monaten und elf Tagen.«

Alles, was man im Krieg sieht, blitzt kurz in aller Klarheit auf und verschwindet dann in einem Nebel, so dass man nur noch die Umrisse erkennen kann. Mal ist es brutal, unmenschlich, traurig. Und in all der Unmenschlichkeit lacht man umso befreiter bei jeder Gelegenheit, die sich bietet. Man lacht und im Nachhall des eigenen Lachens wirkt alles Traurige noch trauriger. Man ist gerührt von Menschen und diese Rührung macht den Gedanken, sie könnten sterben, unerträglich.

Geschichte reiht sich an Geschichte und sie alle liegen in diesem Nebel der Gefühle. Einige davon:

Mit ein paar Soldaten sitze ich hinter einer Mauer, die uns vor Scharfschützen Deckung gibt. Die Mauer steht in einem friedlichen, schattigen Garten in Bagdad, am Ufer des Tigris. In dem Garten steht einer der vielen früheren Saddam-Paläste. Saddam ist nur noch eine ferne Erinnerung, der Palast ist inzwischen ein amerikanischer Stützpunkt, der Nachmittag ist angenehm kühl und windig für irakische Verhältnisse. Die Soldaten spielen mit einem weißen, flauschigen Hundewelpen, den sie in den abfallübersäten Straßen von Bagdad aufgelesen, adoptiert und »Al Qaida« getauft haben.

»Viele Platoons haben einen Hund«, erzählt mir ein junger Soldat namens Sander. »Es lenkt dich einfach ab, wenn du nach einem harten Tag mit dem Hund spielen kannst.«

»Yeah«, sagt einer der anderen Soldaten grinsend. »Manchmal sehen wir, wie sich Sander Erdnussbutter auf den Schwanz streicht und sagt: ›Ich geh mal eben mit dem Hund spielen.‹«

Wir alle lachen, auch Sander, aber in seinen Augen ist eine verzweifelte Traurigkeit. Ich sehe ihm an, wie krank ihn dieser gnadenlose Ort, die rohe Sprache, dieser obszöne Humor machen.

In Afghanistan döse ich auf einem Feldbett in einem Mannschafts-
zelt. Zwei Betten weiter liegt ein großer, dicker Kerl. Schwarz, sicher
150 Kilo schwer. Neben das Bett hat er sein Gewehr und einige
Magazine gelegt. Er hat eine Ministereoanlage, die Lautsprecher stehen dicht neben seinen Ohren. Er liegt da in der brütenden Hitze,
nur in Boxershorts und hört die Melodie von »Guten Abend, gute
Nacht«, von einer Posaune gespielt, und weint.

In einem größeren Stützpunkt in Bagdad gibt es ein Internetcafé.
Als ich an einem Abend ein paar E-Mails schreiben will, sitzen an
langen Computerreihen junge Männer und sprechen über Web-
Cams mit ihren Frauen zu Hause. Manche der Frauen auf den
Monitoren halten Babys in die Kameras. Ich sehe, wie kleine, dicke
Babyhände sich nach den Kameras ausstrecken, als würden sie nach
ihren Vätern greifen. Ich sehe, wie einige Soldaten die Monitore
berühren. Es sind die zärtlichen Gesten junger Killer und ich gehe
raus und rauche, bis ich vergessen habe, dass diese Männer morgen
wieder töten und sterben werden.

Auf einer Patrouille mit meinem Zug im ländlichen Zentralirak machen wir eine Pause in einem Palmenhain. Wir trinken Wasser und
stopfen uns Müsliriegel rein. Einer der Soldaten sucht das Umland
mit seinem Zielfernrohr ab.

   Wie es sei, die Welt immer durch ein Zielfernrohr zu sehen, habe
ich mal einen anderen Soldaten gefragt.

   Seine Antwort: »Großartig. Du bist Gott. Nur dass Gott kein
fuckin' M 16 mit Laserzieloptik hat.«

   Der Soldat, der gerade das Gelände absucht, sagt zu seinem Lieutenant: »Sir, ich sehe eine Kuh. Darf ich sie erschießen?«

   »Du kennst die Regeln«, antwortet der Lieutenant. »Nur wenn die
fuck'n' Kuh bewaffnet ist.«

Im Krieg gibt es alles: Lachen, Weinen, Angst, Freude, Zärtlichkeit, Brutalität, Terror, Glück, Scham, Stolz, Verzweiflung. Nur ist nie so klar, wo das eine aufhört und das andere anfängt. Die Army ist gar nicht so übel, hat mir ein Soldat gesagt, solange du nicht getötet wirst.

Afghanistan, «Forward Operation Base Gardez», Paktia-Provinz, Herbst 2007. Früh an einem kalten Morgen, in dem schon der nahende afghanische Winter zu spüren ist, stehe ich auf und gehe von unserer Baracke zum Container mit den Duschen. Es ist friedlich, nur der Himmel, die Kühle und der heraufziehende Tag. Die »Forward Operation Base (FOB) Gardez«ist ein kleiner Außenposten der Amerikaner in dieser rot flimmernden Landschaft. Eine Ansammlung von Baracken, Containern, von Kriegsmaterial, Humvees und Dixie-Klos, ein Hubschrauberlandeplatz, umgeben von einer Mauer, von Stacheldraht und Wachtürmen. Manchmal schlagen nachts Mörsergranaten ein. Gardez ist ein karger Fleck Erde im Zentrum der Taliban-Bewegung. Viele ihrer Kämpfer stammen aus dieser kleinen Stadt oder den umliegenden Dörfern, wo sie Unterschlupf und Schutz bei ihren Familien und Clans finden. Osama bin Ladens Bergfestung Tora Bora liegt nur wenige Kilometer von hier entfernt. In der klaren Morgenluft sehe ich die scharfen Umrisse des Gebirges, unkontrollierbar und unbeherrschbar. Auf einem kleineren Berg erhebt sich eine Festung, die Alexander der Große hier vor 2300 Jahren errichten ließ. Die dicken, hohen Mauern, die so lange Zeit überdauert haben, zeugen davon, dass schon seine Soldaten die gleichen Probleme hatten, mit denen die Amerikaner heute kämpfen.

Im Duschcontainer kniet ein alter Afghane und schrubbt den Boden. Bezahlt wird er von den Amerikanern, beaufsichtigt von einem grimmigen Russen, der mit einem Funkgerät hinter ihm steht. Der

Russe arbeitet für eine der zahlreichen privaten Firmen, die die Kriege in Afghanistan und im Irak am Laufen halten. Sie kümmern sich um Kantinen und Sanitäranlagen, um Stromleitungen, Wasserrohre, Dieselgeneratoren, bauen Baracken und Wachtürme. Ein Russe, der nicht mal zwanzig Jahre nach Ende des kalten Krieges auf einem US-Stützpunkt in einem amerikanischen Krieg arbeitet und 18 Jahre nach dem Rückzug der Sowjets aus Afghanistan einen alten Afghanen beim Putzen herumkommandiert, beide entlohnt in Dollar – Afghanistan führt einmal mehr vor, wie unberechenbar die Geschichte ist.

Im Irak habe ich Söldner aus Uganda gesehen, die die Camps und Kantinen der Amerikaner bewachen. Die Männer aus Uganda wiederum werden bewacht von Buren aus Südafrika. »Weil sie wissen, wie man mit Schwarzen umgeht«, hat mir ein US-Soldat grinsend gesagt. Nirgendwo gehen mehr Ideale verloren als im Krieg, auf allen Seiten, in den kleinen Gesten beinah noch mehr als in den großen Schlachten.

Stunden später stehe ich mit den Fallschirmjägern unserer Einheit im Innenhof eines Bauernhauses. Die Mauern bestehen aus Lehm und Stroh, der Tag hat sich mittlerweile auf 40 Grad aufgeheizt. Zwischen den Soldaten laufen Schafe herum. Die Männer zerpflücken einen Heuhaufen, in dem sie ein Waffenlager entdeckt haben. Mörser, Mörsergranaten, Sprengstoff, Zünder, Kalaschnikows, Munition, Panzerfäuste. Genug für eine kleine, schlagkräftige Truppe. Neben dem Heuhaufen sitzen vier Kinder. Drei oder vier Jahre alt sind sie vielleicht, ihre kleinen Hemden sind steif vor Dreck. So wie sie zu den Soldaten hochstarren, ist klar, dass aus dieser ersten Begegnung mit Amerikanern wohl kaum etwas Gutes erwachsen wird.

»Schau Dir an, hinter wem sich diese Kerle verstecken«, sagt Oberstleutnant Woods. »Tolle Krieger, oder? Ich weiß auch nicht, wie ich diesen Scheißkrieg hier führen soll. Wir wussten, dass es hier ein Waffenlager gibt. Wir wurden aus diesem Haus heraus beschossen. Ich hätte den ganzen Hof auch von unseren Hubschraubern einäschern lassen können. Ich kann mich entscheiden: Hubschrauber und Raketen. Oder reingehen und das Leben meiner Männer riskieren. Großartig, wenn man so eine Auswahl hat, oder? Im Dorf werden sie jetzt behaupten, wir hätten ihre Frauen geschändet und wären über ihre Kinder getrampelt. Es heißt immer, wir sollen ›Herzen und Köpfe‹ der Leute hier erobern. Erklär mir mal bitte, wie ich das machen soll. Ich verstecke mich nicht hinter Kindern. Aber ich bekomme am Ende den Ärger.«

Mit Metalldetektor und Spaten suchen ein paar Soldaten ein Beet ab.

»Das passiert, wenn Ihr Euch mit uns anlegt, Taliban«, ruft einer der Männer in Richtung Berge. »Wir kommen und graben Eure Vorgärten um!«

Später wird der Radiosender der Taliban verbreiten, dass US-Soldaten bei einem Angriff auf ein ziviles Haus in eben jenem Dorf mehrere Zivilisten, Frauen und Kinder getötet hätten. In dieser unzugänglichen Welt überwindet nichts so leicht die Berge wie Gerüchte. »Wo die Straßen aufhören, fängt die Macht der Taliban an«, sagt man hier.

In den gepanzerten Humvees rumpeln wir zurück nach Gardez, in dieses kleine Fort. Wir meiden Straßen so gut es geht, weil dort Sprengsätze vergraben liegen könnten. Über ein Feld fahren wir an einer Ziegenherde vorbei.

»Hmm, Abendessen«, sagt einer der Soldaten und zeigt auf eine der Ziegen.

»Die kannst Du nicht essen«, sagt ein anderer. »Das ist wahrscheinlich die Frau von jemandem.«

»Guck mal, wie traurig der Junge da drüben aussieht. Als hätte jemand seinen fuckin' Hund abgeknallt.«

»Haben wir wahrscheinlich auch.«

Ich frage unseren Fahrer, worauf er achtet, wenn er auf die Straße guckt, ob man die IEDs irgendwie erkennen kann.

»Die erkennst Du meistens nur am Knall«, sagt er. »Neulich haben wir aber einen Typen verhaftet, der die Dinger baut. Er wollte uns nicht sagen, wo er sie versteckt hat. Da haben wir ihn in unseren Truck auf den Beifahrersitz gesetzt und gesagt: ›Wir fahren jetzt mit Dir spazieren und Du sitzt da vorne.‹ Da hat er dann geredet. Sechs IEDs hatte er versteckt.«

»Fuck, die Typen haben vor ein paar Wochen meinen iPod in die Luft gejagt«, ruft unser MG-Schütze, William Fox, 21, vom Dach. »War in einem Truck, der auf ein IED gefahren ist. 80 Gigabyte, Mann, 400 Dollar. Da waren ne Menge guter Elvis-Songs drauf. Die Scheißtaliban haben nicht mal vor dem King Respekt. Ich hab ihn noch aus dem Humvee geholt. War aber völlig Schrott. Ich glaub, ich werd' ihn an Apple schicken. My iPod KIA.« Killed in action.

In diesen rollenden Bunkern entwickelt man schnell einen Hass auf die Welt jenseits der Panzerung, weil man auf eine so zehrende Weise machtlos ist gegen die Bedrohung von außen. Eine Armeepsychologin im Krankenhaus von Bagdad hat mir erzählt, wie wichtig es für Soldaten sei, zurückschießen, sich gegen irgendetwas wehren zu können. In früheren Kriegen konnten sie sich vielleicht noch damit brüsten, wie knapp sie dem Tod entkommen waren, wenn eine Kugel ihre Haare gestreift hatte, von ihren »close calls« erzählen. Von diesen Momenten, die besser sind als Orden. Aber heute gibt es

kaum noch solche Gefechte. Man kann nicht viel machen, nur grinsen, Witze reißen. Man fährt einfach vor sich hin, ein paar große
Jungs mit iPods in ihren Humvees. Wenn es ein guter Tag ist, ist es
langweilig. Und wenn es kein guter Tag ist, fliegt ihr Humvee in
die Luft.

Durch die schmale Panzerglasscheibe in meiner Tür sehe ich hinaus, während wir durch eine Marktstraße in Gardez rollen. Ich sehe
die Stände mit Fleisch, über denen Fliegenschwärme stehen. Es sind
fast nur Männer auf dem Markt. Junge, meist arbeitslose Männer,
machtlos in ihrem eigenen Land, die amerikanische Stahlkolonnen
vorbeiziehen sehen.

»Wenn sie sich einen blasen ließen, würden die garantiert nicht
ständig versuchen, uns in die Luft zu jagen«, sagt unser Fahrer.
»Dieser Krieg wäre sofort vorbei, wenn die Jungs mal ein bisschen
Spaß hätten. Ich glaube, wir müssten einfach einen riesigen Puff
aufmachen. Verrate einen Taliban und krieg einen blow job gratis!
Yeah, Mann, so würd' ich's machen.«

Ich sehe in die Gesichter der Männer am Straßenrand, in ihre
dunklen Augen, die uns verfolgen. In ihren Gesichtern zu lesen, ist,
als würde man im Wind zu lesen versuchen. Ich könnte mir kaum
ein besseres Symbol vorstellen, als die gepanzerte Tür, die die Soldaten von den Menschen da draußen trennt. Eine Tür, durch die
nichts dringt, nur ein gewaltiger Sprengsatz.

Irak, Camp Taji, nördlich von Bagdad, März 2008

»Wie Ihr wisst, gehen wir heute zu Fuß auf Patrouille«, sagt Captain Ben Walker an diesem Frühlingsmorgen zu seinen Soldaten.
»Bleibt schön dicht zusammen. Behaltet Euch gegenseitig im Auge.
Ich will nicht, dass einer von Euch der Nächste ist, der entführt und
mit einem verdammten Rasiermesser geköpft wird, okay? Wir wol-

len alle nicht, dass einer von uns sein eigenes Hinrichtungsvideo auf Youtube bekommt. Und wenn mein Truck auf dem Weg auf ein IED fährt und meine Beine weggesprengt werden, sorgt dafür, dass der Sanitäter schnell zu mir kommt. Alles klar?«

»Hooah!«

Captain Walker ist 27, genau so alt wie ich. Er hat zwei kleine Kinder, deren laminierte Fotos er in der Ärmeltasche seiner Uniform trägt. Er kommt aus Texas und ist verantwortlich dafür, dass sein Zug, seine rund dreißig Mann wieder heil nach Hause kommen. Es ist eine Verantwortung, die ich nicht haben möchte. Er nimmt den Krieg im Irak mit einer seltsamen Leichtigkeit, als könnte ihm nichts etwas anhaben. Jeden Tag beginnt er mit den Worten »Another day in paradise«. Ich versuche, in seiner Nähe zu bleiben, in seinem Humvee zu fahren. Ich habe das Gefühl, dass er kugelsicher ist. Sein Lachen, sein Optimismus, seine Entschlossenheit – manche Menschen sind einfach zu lebendig, um zu sterben.

Irgendwie freunden wir uns an in diesen Tagen im Irak. Noch immer bekomme ich regelmäßig E-Mails von ihm. Es sind seltsame Lageberichte, in denen Banalitäten des Alltags und das Handwerk des Tötens dicht beieinanderliegen. Einige Auszüge:

1. April 2008

Wir sind jetzt seit acht Monaten hier und haben noch sieben vor uns. So langsam spüren wir, wie die Tage an uns zehren. 15 Monate von seiner Familie weg zu sein, ist wirklich absurd. Ich spreche mit vielen einflussreichen Scheichs in unserer Gegend über ihre Probleme. Manchmal muss ich ein bisschen ruppig mit ihnen umspringen, weil ich einfach die Geduld verliere. Sie beschweren sich in einer Tour. Neulich hat mir einer erzählt, wir würden heimlich mit dem Iran zusammenarbeiten und den Irak hassen. Ich musste kurz weggehen und mich ungefähr zehn Sekunden lang beruhigen, weil ich ihm sonst eine reingehauen hätte. Einige dieser Leute sind einfach nie zufrieden, trotz all der Zeit und Arbeit, die wir in ihr Leben investieren. Wahrscheinlich suchen sie einfach nach einem Grund, uns nicht zu mögen.«

19. April 2008

»Gestern mussten wir den Müll entlang einer Straße aufsammeln. Es ist hier ziemlich dreckig. Ich habe ein paar Iraker gefragt, was sie mit ihrem Müll machen, und sie sagen immer: ›Wir werfen ihn auf die Straße und warten, bis der Wind sich darum kümmert.‹ Na ja ... Wenn wir jedenfalls mit unseren Humvees rumfahren, werfen die MG-Schützen manchmal ihre Pinkelflaschen auf die Straße (Die müssen die ganze Zeit hinter dem Maschinengewehr bleiben. Ihr könnt Euch also denken, wie das mit den Pinkelflaschen kommt.). Die Dinger mussten wir also aufsammeln. Ich habe meinen Zug in zwei Gruppen aufgeteilt und ein Spiel draus gemacht: Jede Gruppe kriegt eine Straßenseite und wer die meisten Flaschen findet, gewinnt. Jedes Mal, wenn wir eine Flasche gefunden haben, haben wir sie schnell auf die andere Seite gekickt. Die Jungs drüben haben alle Flaschen aufgesammelt und die ganze Zeit zu uns rüber gerufen, wie gut sie im Pinkelflaschen-Finden seien und uns Versager genannt. Wir haben uns vor Lachen fast auf dem Boden gerollt. Vielleicht nehmen sich die Iraker ja ein Beispiel an unserer Aufräumaktion. Aber ich glaub's eher nicht.«

3. Mai 2008

»Ich habe gelesen, dass es letzten Monat 39 Schießereien in Chicago gegeben hat. Das ist ungefähr so viel wie hier im Bereich Bagdad.

Der größte Teil unseres Lebens hier ist Routine und ab und zu wird's
mal ein bisschen gefährlich.«

8. Juni 2008

»Wir sind jetzt in Bakuba, einer der letzten Al-Qaida-Hochburgen
im Irak. Es ist unfassbar heiß hier, der Staub ist unerträglich. Fast
jeden Tag erledigen wir ein paar Al Qaidas. Neulich haben unsere
Hubschrauber ein paar von ihnen erwischt. Die Jungs von der irakischen Armee haben die Leichen auf die Motorhauben ihrer Humvees gebunden, sind hupend durch die Stadt gefahren und haben in
die Luft geballert. Das klingt jetzt vielleicht ein bisschen grausam,
aber es gibt, wie gesagt, immer noch viele Al-Qaida-Unterstützer in
Bakuba. Vielleicht denken die da jetzt noch mal drüber nach. In
zwei Tagen beginnt mein Urlaub. Ich kann es nicht abwarten, die
Kinder zu sehen.«

23. Juli 2008

»Bin zurück aus dem Urlaub. Ich war mit den Kindern in den Bergen. Es ist schwer, sich wieder an den Irak zu gewöhnen. Ich habe
dabei geholfen, eine größere Operation vorzubereiten und war einige Nächte unterwegs, um Al-Qaida-Verstecke anzugreifen. Vorher
haben wir ein paar ziemlich große Bomben über ihnen abgeworfen
und vielleicht zehn von ihnen erwischt. Das hat uns geholfen. Bei
diesen Nachtangriffen wird man wirklich bei lebendigem Leib von
den Insekten aufgefressen. Ich sehe aus, als ob ich die Windpocken
hätte. Die Mücken hier sind gewaltig. Sie klingen und sehen aus wie
kleine Helikopter. Bei einem Nachteinsatz neulich hab ich mich
ganz schön erschreckt, weil mich so ein riesiger Mückenschatten
verfolgt hat. Noch nie in meinem Leben habe ich in so müde Gesichter gesehen wie hier. Wir sind oft so lange wach, dass meine

Männer beim Gehen einschlafen und umfallen. Ich hoffe, dass sich unser Einsatz eines Tages auszahlen wird.«

14. August 2008
»Es ist heiß, meistens über 40 Grad, hier an der Geburtsstätte der Zivilisation. (Ich bin mir nicht ganz sicher, was passiert ist, nachdem die Zivilisation geboren wurde. Sie haben hier immer noch Spaß daran, sich wie Kleinkinder zu benehmen.) Wir haben gerade eine große Operation am Laufen, Angriffe, Hausdurchsuchungen, solche Sachen. Neulich haben wir eine ganze Menge Al-Qaida-Jungs ausgeknipst. Das war ein guter Tag.«

Irak, Bagdad International Airport, Juli 2008. Vom Rollfeld her höre ich das Dröhnen startender Transportmaschinen, die knatternden Rotorblätter ganzer Schwärme von Blackhawk-Hubschraubern, die ohne Positionslichter als schwarze Schatten über den nächtlichen Flughafen von Bagdad huschen. In ein paar Stunden bin ich wieder raus aus dem Irak. Irgendwann am nächsten Morgen soll uns eine Maschine nach Kuwait bringen. Ich liege auf dem Boden vor dem Militärterminal. Der Staub in der Luft ist so fein, dass er sich anfühlt wie feuchter Lehm. Obwohl Nacht ist, sind es noch immer knapp vierzig Grad. Man liegt reglos da und schwitzt und verkrustet langsam in diesem Schleier aus Staub. Scheinwerfer tauchen den Platz vor dem Terminal in ein gespenstisch zeitloses Licht, alle Gesichter sehen gleich blass aus, grüne Rauchschwaden von Zigaretten hängen in der Luft. Ich kann es nicht abwarten, hier rauszukommen.

Zwei Wochen haben mein Fotograf Till Budde und ich bei einer Medevac-Einheit verbracht, bei den fliegenden Rettungssanitätern des Krieges. Wir sind mit ihnen in ihren Hubschraubern geflogen. Wir haben gesehen, wie sie Männer geduckt zu den Helikoptern tragen, wie sie Morphium spritzen, Hände halten, Verwundete anschreien, sie sollen wach bleiben, sie werden nicht sterben, sie sollen verdammt noch mal wach bleiben, all das, was man aus den Filmen kennt. Ich zünde mir die hundertste Zigarette an und denke an den Soldaten, der schwer verwundet auf einer staubigen Straße liegt und spürt, dass er wohl sterben wird und den Sanitäter bittet, alle Zigaretten aus seiner Uniform zu nehmen, bevor man sie zu den Eltern nach Hause schickt, »weil meine Mom nicht wissen soll, dass ich geraucht habe«.

Ich denke an das, was mir einer der Sanitäter erzählt hat: »Ich hatte schon Jungs, die ihre Arme und Beine weggeblasen hatten, und alles, was sie interessiert hat, war ihr Schwanz. Ehrlich, Mann, ein paar von denen musste ich die Hose aufschneiden und ihnen ihr Ding zeigen und ihre Eier. Keine Arme, keine Beine, aber solange sie sehen konnten, dass sie noch Männer waren, war alles okay.«

Ich denke an ein verbranntes irakisches Kind, ein kleines Mädchen.

Ich denke an die Jungs, mit denen ich eine Blechbüchse durch die Straßen von Bagdad kicke, Fußball im Irak.

Ich denke an die Pilotin, die nachts in der Einsatzzentrale sitzt und Kaffe trinkt, als eine Einheit einen Rettungshubschrauber anfordert. Über das knisternde Funkgerät hört sie »US soldier« und dann »KIA«, killed in action, und dann den Namen ihres Verlobten, den sie in wenigen Wochen heiraten wollte.

Ich denke an den Soldaten, der neben mir im Hubschrauber auf dem Weg ins Lazarett von Bagdad gestorben ist. Wie der Sanitäter sich über ihn beugt, wie seine Augen noch offen sind und er sich umsieht wie in Zeitlupe, wie ich ihm Zeichen gebe, die geballte Faust, den Daumen nach oben, Durchhaltezeichen, wie seine Augen trüb werden wie Murmeln und im Hubschrauber plötzlich der Sog des Todes da ist, der sich immer ausbreitet, wenn ein Mensch stirbt.

Ich denke an die Soldaten, die früh morgens vor einem Bauernhaus nördlich von Bagdad sitzen und aus kleinen Lautsprechern Bob Dylans »Blowin' in the wind« hören, ausgerechnet diese Hymne gegen den Krieg. Daran, wie Musik für einen kurzen Augenblick den schlimmsten Orten ihren Schrecken nehmen kann.

Ich denke an das, was mir ein anderer Sanitäter erzählt hat: »An einem Tag wurden wir gerufen, weil einer unserer hirnlosen Kampfhubschrauberpiloten eine Rakete in ein Haus voller Zivilisten gejagt hatte. Da waren keine Terroristen drin, sondern eine verdammte Familie. Ich bin hingelaufen und habe ein Baby rausgeholt. Es hat noch gelebt. Das sind zähe Kinder hier, das kann ich Dir sagen. Wir hatten schon welche mit Kopfschüssen, die überlebt haben. Echte Kämpfer. Ich lauf also mit dem Baby raus und die Mutter rennt mir hinterher und will mich umarmen und meine Hand küssen, um mir zu danken. Und das, obwohl wir ihr verdammtes Haus in die Luft gejagt haben. Mann, ich hoffe nur für uns alle, dass wir aus guten Gründen hier sind. Das Baby ist dann gestorben. Nur weil so ein Idiot von Pilot mal seine Raketen ausprobieren wollte oder keine Ahnung was.«

Ich denke an den Satz eines Bordschützen: »Ich bin jung. Ich habe noch mein ganzes Leben, um über die Alpträume hinwegzukommen.«

An all das denke ich. Daran, dass niemand unversehrt bleibt, und nur einen Meter vor meinem Kopf zieht eine lange Kolonne frischer Soldaten vorbei. Sie sind gerade im Irak angekommen. Ihre Stiefel sind noch sauber, die Gewehre glänzen schwarz und geölt. Die Einheit ist noch vollzählig. Ich spüre ihren Gleichschritt auf dem zitternden Betonboden. Wenn man die Truppen nachts ins Land einrücken sieht, wie sie über den erleuchteten Platz vor dem Terminal marschieren und langsam in der Dunkelheit verschwinden, ahnt man, was für ein gieriger Strudel der Krieg ist.

Nachwort

In den vergangenen fünf Jahren habe ich unzählige Menschen getroffen. Manche haben mir in langen Gesprächen von ihrem Leben, ihrem Schmerz, ihrer Hoffnung erzählt, von anderen erinnere ich nur ein kurzes Bild. Eine Frau in einem bunten Gewand, die ihr Baby begräbt. Ein junger Mann, der den Sarg seiner Freundin streichelt. Ein Soldat kniet vor dem Operationssaal, in dem sein Freund mit dem Tod ringt.

Auch wenn manche Ereignisse schon Jahre zurückliegen, bleiben sie für mich lebendig in diesen Geschichten, in der Menschlichkeit, die ich erlebt habe. Die Menschlichkeit macht am Ende mehr aus diesen Geschichten als bloße Nachrichtenereignisse. Sie hat ihre eigene Wucht, ihr eigenes Gewicht. Ich spüre, dass ich diese Menschen und ihre Geschichten mit mir trage.

Viele Menschen, die ich kennenlernen durfte, hatten alles verloren. Und doch haben sie mir mehr gegeben als ich ihnen, eine bemerkenswerte Mischung aus Geduld, Großzügigkeit und Offenheit. Ich habe meistens nicht mehr tun können, als ihnen zuzuhören und ihre Geschichten weiterzuerzählen. Sie alle waren da, während ich dieses Buch geschrieben habe.

Ich habe immer wieder erlebt, wie Gewalt über Menschen kommt, die sich zunächst nicht wehren können. Aber Gewalt hat eine düstere Dynamik. Sie macht Opfer zu Tätern und Täter zu Opfern. Sie gibt immer nur dem Stärkeren Recht. Gewalt nutzt sich schnell ab. Menschen fangen an, mit ihr zu leben. Sie wird Teil des Alltags. Sie schafft Rache und Vergeltung bis niemand mehr weiß, was es eigentlich zu rächen gilt. »Wir haben ein neues Konzept, das ganz gut funktioniert«, hat mir ein amerikanischer Offizier im Irak erzählt. Es ging darum, in einem Stadtviertel von Bagdad zwischen verfeindeten Sunniten und Schiiten zu schlichten. »Wir konzentrieren uns auf die Probleme der letzten drei Jahre. Die dreitausend Jahre davor lassen wir jetzt einfach mal weg.«

Nach den Wochen im Irak nehme ich mir vor, für den Rest des Jahres die Kriege sein zu lassen. Jeden Morgen lese ich im Internet die Liste mit den Namen der getöteten Soldaten, immer in der Hoffnung, keinen von ihnen zu kennen. Man trifft zu viele Menschen, um die man sich dann Sorgen macht.

Im August bereite ich gerade eine Reise in die USA vor, um vom Wahlkampf zu berichten, als die russische Armee in die georgische Provinz Süd-Ossetien einmarschiert. Ich suche Süd-Ossetien noch auf der Landkarte, da ist in den Nachrichten schon die Rede von einer neuen Kuba-Krise, sogar vom Dritten Weltkrieg. Das Fernsehen zeigt feuernde Raketenwerfer, die auf Lastwagen montiert sind. Soldaten, die Schützengräben ausheben, und endlose Konvois russischer Panzer, auf denen Männer mit Kalaschnikows und alten Lederkappen sitzen. Zeigte der Fernseher ein Schwarz-Weiß-Bild, könnten diese unwirklichen Szenen auch vor fünfzig, sechzig Jahren spielen. Armee gegen Armee, Artilleriegranaten, die in Wohnhäusern einschlagen, heulende Sirenen, Luftangriffe auf Städte und Zivilisten – in nur einer Nacht ist der Krieg des 20. Jahrhunderts zurückgekehrt.

Ich denke, dieses Mal ist es das ganz große Ding, bei dem ich dabei sein muss. Die Geschichte, die ich nicht verpassen darf. Die Geschichte, die wichtiger ist als all die anderen. Ich sehe, dass es überall als erste Meldung in den Nachrichten kommt und vergesse alle anderen Pläne. Als mein Fotograf Andreas Thelen und ich aufbrechen, ist der Flughaten von Tiflis schon gesperrt. Wir fliegen nach Jerewan, Armenien, und fahren bei Nacht über Serpentinenstraßen durch die Berge Richtung Norden. Früh am Morgen überqueren wir die georgische Grenze. Wir sind da. Wir hören im Radio, dass die Russen auf Tiflis vorrücken. Wir sitzen im Auto, wach seit 24 Stunden, und scherzen, dass wir die Stadt vor den Russen einnehmen werden. Links der Straße sehen wir einen zerbombten Flughafen. Es ist ein gutes Gefühl, da zu sein.

In Tiflis finden wir einen Dolmetscher, ein junger, hagerer, mutiger Mann, der einen Sohn hat und Deutsch spricht. Mit ihm fahren wir weiter Richtung Norden, nach Gori, rund 80 Kilometer von Tiflis entfernt. Es ist die Geburtsstadt Josef Stalins. Aus Gori haben Fotografen in den letzten Tagen die Fotos geschickt, die wie aus einer anderen Zeit schienen. Menschen, die zwischen zerbombten Häusern umherirrten, verwirrt und hilflos. Man konnte ihnen die Taubheit ansehen, die taumelnde Orientierungslosigkeit, die von schweren Explosionen kommt. Tote unter Trümmern. Bilder von einem Bombenkrieg.

Je näher wir Gori kommen, desto häufiger sehen wir ausgebrannte georgische Panzer entlang der Straße, Öllachen, schwarzgeglühte Schrottteile, glitzernde Glassplitter. Wir sehen russische Kampfhubschrauber, die über den Bergen Raketen abfeuern, Dörfer, aus denen dunkler Rauch aufsteigt. Es sind kaum Autos auf der Straße. Als wir gerade am Ortsschild von Gori vorbeifahren, ruft die Redaktion an. Vor knapp zwei Stunden sei in der Stadt ein holländischer Journalist von einer Granate getötet worden, wir sollen vorsichtig sein.

Für die Zerstörung, die wir in Gori vorfinden, gibt es nur ein Wort: krank. Bomben haben eine komplette Siedlung vernichtet. Von den Plattenbauten stehen nur noch schwarze Gerippe. Vor den Gerippen parken ausgebrannte Autos. Vor den Autos liegt eine gelbe, blutverkrustete Decke. Die einzigen Geräusche stammen von einer geplatzten Wasserleitung, aus der es in eine immer größer werdende Pfütze hineinplätschert, und von den Gardinen, die in den leeren Fensterhöhlen der wenigen nicht ausgebrannten Häuser flattern. Ich versuche, eine alte Frau anzusprechen, die in den Trümmern nach irgendetwas sucht, aber sie sagt nur: »Niemand hat uns geholfen. Und jetzt kommen Sie und fragen, wie es uns geht? Hauen Sie einfach ab und lassen Sie uns in Ruhe sterben.«

Zwischen Kratern, Betonbrocken und verrenkten Stahlstreben liegen die Überbleibsel des Alltags. Ein verkohlter Brief. Ein angesengtes Sofakissen. Ein Bilderrahmen. Eine Puppe, der die Explosion die Beine weggerissen hat. Die Puppe lächelt starr vor sich hin. »Was können wir dafür, wenn sich ein paar mächtige Männer streiten?«, ruft uns ein alter Mann zu. »Wir wissen nicht mal, warum sie sich streiten. Aber wir müssen den Preis bezahlen.«

Ich stehe unter einer alten Eiche. Die Baumkrone ist von einer Granate zerfleddert, die restlichen Zweige sind mit Staub bedeckt. Manchmal frage ich mich, was die Bäume über die Menschen denken müssen.

Abends im Hotel in Tiflis sitzen Korrespondenten aus aller Welt in der Bar und diskutieren über die Kriegsgründe. Die einen meinen, es gehe wie immer ums Öl und um Pipelines. Andere sagen, Putin habe der NATO nur seine Macht zeigen wollen. Wieder andere glauben, die CIA stecke dahinter. Ein französischer Kollege hält Georgiens Präsident Michail Saakaschwili für den neuen Hitler und ein paar alte Russlandexperten haben schon seit Jahren vor einer Eskalation im Kaukasus gewarnt. Niemand weiß zu diesem Zeitpunkt (und bis heute nicht), wie dieser Krieg wirklich angefangen hat, wer die Schuld trägt, wie viele Menschen gestorben sind. Man weiß nicht mal, wo sie begraben liegen. Viele Familien haben ihre Toten hastig in ihren Gärten oder auf Feldern beerdigt, bevor sie vor den Kämpfen geflüchtet sind. Beide Seiten, Russland und Georgien, verstecken sich hinter Erklärungen darüber, was sie alles getan haben, um diesen Krieg zu vermeiden, wie ihnen der Kampf aufgezwungen worden sei. Aber dafür, dass anscheinend niemand Krieg wollte, sind nun ziemlich viele Menschen tot, vertrieben oder obdachlos.

Fast drei Wochen verbringen wir in der Region. An einem Nachmittag rollt eine Kolonne von über hundert russischen Fahrzeugen – Kampfpanzer, Truppentransporter, Lastwagen – mit flatternden Fahnen auf Tiflis zu. Während das Radio panische Meldungen über einen bevorstehenden Angriff auf die Hauptstadt ausstrahlt, fahren wir mit unserem Auto an der Spitze der Kolonne, wenige Meter vor den Russen. Unser Dolmetscher hat einen alten Lieferwagen. Mit einem befreundeten Kameramann sitze ich hinten im Laderaum. Die Schiebetür ist geöffnet. Wir filmen die Panzer, die auf der bebenden Straße hinter uns fahren, rauchen im Fahrtwind und tauschen ab und zu ratlose Blicke, weil diese Szenen so surreal sind. Wir überholen Menschen, die auf Pferdewagen flüchten. Ich sehe Männer, die ängstlich auf die Gäule eindreschen, während ihre Familien hinten zwischen Koffern und Möbeln kauern. Ein Kind drückt eine Puppe an sich, eine Puppe, wie sie auch in den Trümmern von Gori lag. Wir fahren vorbei an qualmenden Ladas, in denen sich acht, zehn Menschen drängen. Wir sehen ein altes Ehepaar, das zu Fuß auf der Flucht ist mit nichts als zwei Plastiktüten und einem Hund. Mit gebrechlichen Schritten gehen sie am Straßenrand.

Dieser Krieg ist anders als die Kriege in Afghanistan oder im Irak, die sich seit Jahren hinziehen, mit besseren und schlechteren Tagen, mit Erfolgs- und Katastrophenmeldungen. Dieser Krieg ist frisch. Seine Gewalt und seine Zerstörungskraft breiten sich wie eine Seuche innerhalb weniger Stunden aus. Man kann zusehen, wie sich Dörfer in kürzester Zeit entleeren, wie Menschen ihr Leben aufgeben und alles zurücklassen, wie sie schon ein paar Stunden später bei Einbruch der Dunkelheit in den Böschungen hocken, entrückt und entgeistert, wie sie auf dem schmutzigen Boden schlafen und alle Würde verlieren. Wie ungläubig sie aussehen, weil niemand ihnen hilft. Es ist wie ein Leberhaken, der der Zivilisation die Luft nimmt. Hinter den russischen Linien werden wir in den nächsten Tagen bewaffnete, betrunkene Milizionäre sehen, Banditen, die von Norden kommen, bärtige Männer aus Tschetschenien, die wahllos um sich schießen – auch auf Journalisten – und sich nehmen, was sie wollen. Sie plündern und brandschatzen und die russische Armee lässt die Milizen ungestört durch die Dörfer ziehen. Es sieht so aus, als würden diese Banden bewusst als Waffe gegen Zivilisten eingesetzt. Es herrscht Anarchie.

Während Politiker mahnen, appellieren, letztmalig fordern, von Waffenstillstandsabkommen und Sechs-Punkte-Plänen sprechen, sehen wir Kinder, die von Wunden übersät sind. Wir sehen eine Mutter, die weinend zusammenbricht, als sie das Foto ihres toten Sohnes in der Zeitung entdeckt. Ein junger Mann, der bei einem Bombenangriff auf Gori seinen Bruder verloren hat, erzählt uns: »Ich habe ihn in den Trümmern gefunden, aufgehoben und zu meinem Auto getragen. Ich habe ihn auf den Beifahrersitz gesetzt und bin mit ihm zum Krankenhaus gerast. Aber sie konnten ihm nicht mehr helfen. Sie haben ihn in eine Kammer mit vielen anderen Toten gelegt, mit Körpern, die keine Köpfe mehr hatten. Ich wollte nicht, dass er da bleibt und habe ihn wieder mitgenommen. Aber ich hatte auch Angst, dass wieder ein Angriff kommt und eine Bombe ihn völlig zerreißt. Ich habe ihm also ein frisches Hemd von mir angezogen und ihn am nächsten Morgen begraben, mit meinen eigenen Händen.«

Ein Mann, der seinen toten Bruder unter der Erde in Sicherheit bringt, vor einem tobenden Krieg, den keiner aufzuhalten vermag, den keiner versteht, keiner angefangen haben will und angeblich auch niemand gewollt hat – so sieht die Hilflosigkeit der Welt in diesen Tagen aus.

Bei allem, was wir sehen, fällt es mir schwer, nicht wütend zu werden. Man soll sich als Journalist ein Bild von den Dingen machen, versuchen, Zusammenhänge nachzuvollziehen und zu erklären. Aber auf die Frage, warum Medwedew, Putin und Saakaschwili diesen Krieg führen, fällt mir nur eine schlüssige Antwort ein: Weil sie es können.

Auf einer Rüstungsmesse in Abu Dhabi, in einer kühlen, klimatisierten Messehalle, habe ich mich mal mit einem Raketeningenieur unterhalten. Wir saßen an einem der Stände, es gab Häppchen. Über unseren Köpfen hing eine aufgeschnittene Rakete, groß genug, um ein Hochhaus zu zerstören. Ich wollte mit dem Ingenieur über Krieg sprechen, er über Physik. »Sie fragen mich nach Menschen«, sagte er. »Aber darum geht es in meinem Beruf doch gar nicht. Für mich ist nur interessant, wie ich den Raum zwischen zwei Punkten überbrücke. Die Rakete muss von Punkt 1 zu Punkt 2 fliegen.« So kommt mir dieser Krieg vor. Wie ein Experiment.

Über eine Woche lassen die Russen kaum Journalisten in die um-
kämpfte Provinz Süd-Ossetien. Zwar sagen sie, die Georgier hätten
dort – besonders in der Hauptstadt Tskhinvali – furchbare Kriegs-
verbrechen begangen, Babys mit Panzern zermalmt, Alte in ihren
Häusern massakriert, flüchtende Kinder erschossen. Aber alle Kollegen, die diesen Geschichten nachgehen wollen, werden an Checkpoints aufgehalten oder von Milizen verjagt. Drei Journalisten werden auf dem Weg nach Tskhinvali sogar erschossen. Wir kommen
bis Gori und nicht weiter. Es ist offensichtlich, dass sie uns nicht da
haben wollen.

Als wir zehn Tage nach Beginn des Krieges im Kaukasus doch
noch nach Tskhinvali kommen, finden wir ein Ausmaß an Zerstörung vor, wie ich es mir nicht habe vorstellen können. Große Teile
der Stadt sind bis auf die Grundmauern weggebombt. Wenn man
die Augen zusammenkneift, sieht man eine graue, ebene Fläche.
Ganze Viertel sind eingeebnet. Die wenigen Bäume, die noch da
sind, stehen als schwarze Skelette in dieser Wüste. Es weht ein lauer,
staubiger Wind.

»Warum berichtet Ihr immer nur über die georgische Seite?«,
fragt mich ein russischer Funktionär, der uns »zu unserer eigenen
Sicherheit« durch die Stadt begleitet.

»Weil die meisten Journalisten, die während des Krieges nach
Tskhinvali wollten, entweder beschossen, umgebracht oder ausge-
raubt worden sind«, sage ich. Ich habe keine Lust mehr, freundlich
oder diplomatisch zu sein.

Er tut so, als hätte er meine Antwort nicht gehört.

Die Russen sagen, die Georgier hätten die Stadt, die zu Georgien
gehört, zerstört, um Separatisten zu treffen. Die Georgier sagen, die
Russen hätten die Stadt bombardiert, um georgische Truppen zu
vertreiben. Die Wahrheit wird irgendwo dazwischen liegen. Auch

hier in Tskhinvali kann niemand genau sagen, wie viele Tote es gegeben hat. 20 000 Menschen haben hier gelebt. Nun ist kaum noch jemand da. Das ist also unser 21. Jahrhundert, denke ich. Eine Stadt und ihre Menschen können noch immer einfach verschwinden, ohne dass jemand weiß, wohin.

Ein russischer Offizier erzählt mir stolz, dass seine Armee im Krieg immer darauf achte, einen Korridor offen zu halten, um Frauen und Kindern die Flucht vor den Kämpfen zu ermöglichen. Es gebe keine zivilen Opfer in russischen Kriegen. Georgiens Präsident Saakaschwili sagt mir in einem Interview eine Woche später, er habe nur mit höchst präziser Artillerie schießen lassen. Er könne sich nicht vorstellen, dass es dabei zivile Opfer gegeben habe. Für all die Menschen, die ich habe leiden sehen, hätte ich Politiker, Militärs, Funktionäre vielleicht häufiger fragen müssen, ob sie noch ganz klar im Kopf sind.

Je reicher und sorgloser eine Gesellschaft ist, desto häufiger stellt sie sich die Frage, was wohl der Sinn des Lebens sein könnte. Für viele Menschen, die ich getroffen habe, ist diese Frage schnell beantwortet: *überleben*. Einen Tag, noch einen und dann noch einen. Überlebende sind sie fast alle, über die ich berichtet habe. Überlebende von Kriegen, Vertreibung und Katastrophen. So traurig und brutal die Umstände meist auch sind, ich fühle mich wohl bei ihnen. Sie verkörpern für mich die Hoffnung, dass Menschen immer weiterleben können, egal was ihnen angetan wird. Und dass immer jemand übrig bleibt, der erzählen kann, wie es war.

Im Frühjahr 2008 gehe ich durch die Straßen von Kigali, der Hauptstadt Ruandas. Fast fünfzehn Jahre sind seit dem Völkermord vergangen, bei dem eine Million Menschen innerhalb von nur hundert Tagen mit Macheten und Knüppeln niedergemetzelt worden ist. Es ist ein milder Abend, die Straßen Kigalis sind sauber und riechen nach tropischem Regen, die Fassaden der Häuser sind gepflegt, die Busch-Vegetation ist ordentlich getrimmt. Ruanda nennt sich nun »die Schweiz Afrikas«. Unter einem Hügel am Stadtrand liegen 250 000 Menschen begraben. Aber hier im Zentrum erinnert nichts an diese Katastrophe.

Die Straße folgt dem sanften Auf und Ab der tausend Hügel hier. Neben mir geht Anna, eine junge Frau, die in Ruanda geboren wurde und inzwischen in Deutschland lebt. Sie hat mir erzählt, dass ihr Vater im Völkermord umgebracht worden ist. Ich habe nicht weiter nachgefragt. Ich hatte nicht das Gefühl, dass es mich etwas anginge.

Irgendwann laufen wir am Hotel Mille Collines vorbei. Es wurde im Kino berühmt als »Hotel Ruanda«. 1200 Menschen überlebten hier den Genozid, weil sich der Direktor den mordenden Milizen entgegenstellte.

»Das ist das ›Hotel Ruanda‹«, sagt Anna und zeigt auf das zierliche cremefarbenen Hochhaus, das da hinter den Bäumen leuchtet. »Hast Du den Film gesehen?«

»Nein.«

»Guter Film.«

»Kennst Du jemand, der in dem Hotel war?«, frage ich.

»Meine Mutter und meine Schwestern und ich.«

Ich weiß nicht, was ich darauf sagen soll. Ich bin froh, dass sie nach einer kurzen Pause weiterspricht.

»An das meiste kann ich mich nicht mehr erinnern, weil ich erst fünf war. Nur, dass es ziemlich voll im Zimmer war, und die Erwachsenen haben die Minibar leergetrunken.«

»Und da habt Ihr Euch die ganze Zeit versteckt?«

»Ja«, sagt Anna. »Da haben wir überlebt.«

Ein Abend in Ruanda. Eine Stadt, die mit ihren Geistern lebt. Ein Moment, in dem ich da bin, wo ich sein will. Etwas Furchtbares ist geschehen. Aber es gibt Menschen, die all das überstanden haben und bereit sind, davon zu erzählen.

Die Geschichte geht weiter.

Dank

Ich möchte mich bei einigen Menschen bedanken, ohne die dieses Buch nicht möglich gewesen wäre.

Bei meinem Verleger Jürgen Horbach, der vom ersten Moment an so überzeugt von diesem Buch war, dass ich es zu Ende geschrieben habe.

Bei meinem Lektor Stefan Ulrich Meyer, der sehr vielen Sätzen sehr gut getan hat.

Bei meiner Agentin Karin Graf für die wunderbare Vertretung und die inspirierenden Stunden in ihrer Küche.

Bei Kai Diekmann für all die Freiheiten und Arbeitsbedingungen, die ich so sonst nirgendwo gehabt hätte.

Bei Tom Drechsler für das Vertrauen und die Risiken, die er bei vielen meiner Reportagen einzugehen bereit war.

Bei Karsten Witzmann für all die Möglichkeiten, die ich bei ihm sehr früh hatte.

Bei Dr. Paul C. Martin für die Begeisterung an diesem Beruf, die er in mir geweckt hat.

Bei Alexander von Schönburg, der dieses Buch von Anfang an mit Erfahrung und klugen Ratschlägen begleitet hat.

Bei James Conway, der mir mehr als alle anderen über den Krieg erzählt hat.

Bei meinen Fotografen Till Budde und Andreas Thelen, die immer auf mich aufgepasst haben, und von deren Professionalität, Ideen, Mut und Engagement ich unzählige Male profitiert habe.

Bei meinen besten Freunden, die immer da waren, wenn es wirklich wichtig war. Sie wissen, wen ich damit meine.

Bei meinen Eltern, die mich nie ihre Sorge spüren lassen – und immer ihre Unterstützung.

Bei meiner Schwester Katinka, die mich beschützt.

Und in Liebe bei meiner Frau Muna, die mich immer wieder gehen lässt.

Mein Dank gilt auch all den mutigen Fahrern und Übersetzern, ohne die ich die Geschichten nicht hätte recherchieren und erzählen können. Und natürlich den Soldaten im Irak und in Afghanistan, den Männern der 4-73rd Cavalry (82nd Airborne), des 2. Stryker Cavalry Regiment, der Charly-Kompanie der 2-3 CAB, die immer voran gegangen sind und ihr Leben für mich riskiert haben, obwohl ich ein Fremder für sie war.

»Ein bemerkenswertes Buch.«

NDR Kulturjournal

»ICH KRIEG MICH NICHT
MEHR UNTER KONTROLLE«
Kriegsheimkehrer der
Bundeswehr
Hrsg. von Ute Susanne Werner
Gebunden, mit Schutzumschlag
288 Seiten
Format: 14 x 21,5 cm
ISBN 978-3-7716-4438-3
€ 19,95 [D]/
€ 20,60[A]/SFR 34,50

»Ich bin kälter geworden. Ich habe vieles in mich hineingefressen; so manches konnte ich erst nach dem Einsatz verarbeiten.«

»Wir wurden von allen Seiten beschossen und konnten uns nicht verteidigen. Das nagt an einem, man fühlt sich irgendwie ausgeliefert.«

»Ich leide ganz extrem, wenn mein Sohn im Einsatz ist.«

»Wer im Einsatz war, egal wo, und nach Hause zurückkommt und sagt: Alles ist wie vorher, es hat sich nichts verändert – der lügt. Das gibt es nicht.«

Fackelträger Verlag